UNSER WEG NACH UNGARN

Von der Idee bis zum Leben

in der neuen Heimat

Hubert Laspe

IMPRESSUM

Bibliografische Information der Deutschen Nationalbibliothek:
Die Deutsche Nationalbibliothek verzeichnet diese Publikation
in der Deutschen Nationalbibliografie; detaillierte bibliografische Daten sind im Internet über http://dnb.dnb.de
abrufbar.

© 2020 Autor und Herausgeber:
Hubert Laspe, Zalakomar Ungarn
Covergestaltung, Formatierung und Bilder:
Saskia Laspe, Bruchköbel Deutschland

Die Namen in diesem Buch wurden geändert. Aus den
Erfahrungen des Autors ist kein Rechtsanspruch herzuleiten,
insbesondere was Preisangaben oder rechtliche Fragen
betrifft.

Herstellung und Verlag:
BoD – Books on Demand, Norderstedt
ISBN: 978-3-7519-0815-3

DANKE!

Mein Dank geht an meine Frau. Mit ihrer Liebe zu unserer neuen Heimat hat sie unseren Weg nach Ungarn wesentlich mitgetragen. Des Weiteren unseren Kindern, die es uns durch ihre Liebe und ihre Einstellung unseren Schritt erleichtert haben.

Ein ganz besonderer Dank an meine Tochter Saskia für ihre Hilfe. Sie hat dieses wunderschöne Cover entworfen und in mühevoller Arbeit Seite für Seite des Buches formatiert und in eine druckbare PDF Datei gewandelt.

Natürlich dürfen auch unsere Nachbarn und inzwischen gute Freunde Gyözö und Agi nicht fehlen. Gemeinsam mit ihren Eltern und Geschwistern haben sie und unsere Freundin Zsuzsanna uns viel geholfen und unseren Start in unseren neuen Lebensabschnitt sehr erleichtert.

Herzlichen Dank

VORWORT

Immer mehr Menschen spielen mit dem Gedanken Ungarn als neue Heimat auszuwählen. Viele von ihnen informieren sich in den sozialen Medien. Was grundsätzlich richtig ist. Je mehr Informationen sie haben und je besser sie vorbereitet sind, umso leichter fällt es ihnen, sich zurechtzufinden und Fehler zu vermeiden. Leider bekommt man in den sozialen Medien nicht immer die besten Informationen. Darum habe ich unsere Erlebnisse, Erfahrungen mit Ämtern und unsere Gedanken zu Papier gebracht. Dies kann als kleine Hilfe dienen. Aber auch der eine oder andere „Alte Hase" kennt bestimmt solche oder ähnliche Erfahrungen mit Ämtern oder Nachbarn.

BEVOR ES LOSGEHT

Sicherlich hat jeder seine eigenen Vorstellungen und Gründe warum in ihm/ihr die Idee entsteht auszuwandern. Dabei gehören gerade bei Rentnern finanzielle und klimatische Bedingungen zu den Hauptgründen.

Der Entschluss auszuwandern kann und sollte nicht aus einer Laune heraus geschehen. Nur weil es einem im Urlaub an einem besonderen Ort oder einem bestimmten Land gefällt. Irgendwann ist dort nicht mehr Urlaub, der Alltag hat einen eingeholt. Auch an diesem besonderen Ort gibt es Probleme, Hindernisse, Verständigungsprobleme, schlechtes Wetter und die ganz normalen Alltagssorgen. Dessen muss man sich vorher bewusst sein.

Was war der Grund, warum wir den Gedanken hatten nach Ungarn auszuwandern und ausgewandert sind?

Über allem steht erst mal die Gesundheit, oder besser die Krankheit. Daraus resultiert gezwungenermaßen der Rest. Wie finanzielle Gründe, Klimaverträglichkeit, Stress- und Hektik. Meine Frau Carmen und ich sind beide aus gesundheitlichen Gründen Frührentner. Hier baut sich eins aufs andere auf. Finanziell ist man als Frührentner am Existenzminimum und aufgrund unserer Erkrankungen machte uns das nasskalte Klima in Deutschland sehr starke Probleme. Mit der Hektik und dem Stress in Deutschland kamen wir nicht mehr klar. Das geht los auf den ständig vollen Straßen mit aggressiven Autofahrern. Geht weiter über die überfüllten Einkaufsläden und setzt sich mit nörgelnden und nervigen Nachbarn fort.

Um unsere finanziellen Möglichkeiten zu verbessern, mussten wir uns einen Nebenjob suchen. Auch da hatten wir mit unseren Erkrankungen keinen großen Spielraum und Auswahl. Also fingen wir an, für den Verlag Stadtjournal in Altenstadt Wochenjournale auszutragen. Um zu verdienen, muss man ein paar Tausend Journale wöchentlich austragen. Die Arbeit an sich hat uns Spaß gemacht. Da wir die Journale vor Ort abgeholt haben, hatten wir viel Kontakt und eine super Zusammenarbeit mit den Mitarbeitern im Vertrieb. Allerdings ging die Arbeit nur dadurch, dass wir zu den benötigten starken Schmerzmitteln noch zusätzlich Mittel nahmen. Obwohl die Medikamente Magen, Leber und Nieren angreifen, funktionierte es im Sommer noch gut. Bei dem nasskalten Wetter im Herbst und Winter nutzten auch die starken Medikamente nichts mehr.

Irgendwann reifte die Idee irgendwohin auszuwandern. Dorthin, wo wir mit unserer geringen Rente verhältnismäßig gut leben können, das Klima erträglicher ist und das Leben allgemein nicht hektisch. Spanien, Frankreich, Italien waren erst mal naheliegend. Klima ist trockener, wärmer und das Leben ist, sofern man nicht in die Touristikzentren oder Ballungsräume geht und man nicht mehr am Arbeitsleben teilnehmen muss, weniger hektisch. Aber der Lebensunterhalt ist mindestens genauso hoch wie in Deutschland. Asien, Amerika oder Afrika kamen auch nicht infrage, da die Entfernung nicht zu groß sein sollte, schließlich sollte es möglich sein, mit möglichst geringen finanziellen Mitteln und ohne großem Zeitaufwand und ohne körperliche Anstrengung die Familie zu besuchen. Außerdem spielen Sicherheit und Verständigungsmöglichkeiten eine wichtige Rolle.

Hier kommt Ungarn ins Spiel.

Ungarn kannte ich nur aus den alten Filmen Piroschka und Sissy. Ich hatte aber seit ein paar Jahren in Internetforen über Ungarn die Berichte von Urlaubern und von bereits ausgewanderten Landsleuten beobachtet. Hier hatte ich erfahren, dass die Menschen in Ungarn sehr gastfreundlich und hilfsbereit sind. Auch den Immobilienmarkt hatte ich beobachtet und wusste, dass man für verhältnismäßig wenig Geld ein kleines Häuschen erwerben kann. Und in einigen Gegenden, vor allem um den Balaton, hat man mit deutsch kaum Verständigungsprobleme.

Anfang der 80er Jahre kannte ich ein befreundetes Paar. Ihre Vorfahren waren Donaudeutsche und sind nach dem Zweiten Weltkrieg nach Deutschland gekommen. Meine Freunde hatten ein paarmal Urlaub in Ungarn gemacht und sie schwärmten von einem wundervollen Land mit liebenswerten Menschen und einer unsagbaren Gastfreundschaft und Hilfsbereitschaft. Ich hatte überwiegend Positives über Ungarn erfahren. Natürlich ist auch dort nicht alles Gold, was glänzt. Einige hatten mit kleineren oder größeren Problemen zu kämpfen. Gerade was den Kauf von Häusern anging, musste man genau hinschauen.

DER ERSTE SCHRITT
IN EIN NEUES LEBEN

Mittlerweile war auch Carmen neugierig auf Ungarn und wir beschlossen uns Land und Leute genauer anzusehen.

Im Internet fand ich unter den Immobilienangeboten ein Grundstück mit einem darauf stehenden Wohnwagen in Buzsak, nicht weit vom Balaton. Nun kam mir die Idee auf dem Stück Land selbst ein Haus zu bauen. Das Grundstück wurde von einem im Schwarzwald lebenden ungarischen Ehepaar angeboten. Da wir bereits einen Kurzurlaub im Schwarzwald gebucht hatten, setzten wir uns mit der Familie in Verbindung und machten einen Termin mit ihnen aus, um Näheres über das Grundstück zu erfahren.

Im strömenden Regen kamen wir bei den Leuten an. Da wir davon ausgingen, dass das Gespräch nicht lange dauern wird und unser Hund Balu, den wir mitgenommen hatten und der nicht alles nass und schmutzig machen sollte, ließen wir im Auto.

Nach einem sehr herzlichen Empfang, wurden wir mit einem frisch gekochten Kaffee bewirtet. Die beiden erzählten uns von dem Grundstück, von ihrer Familie in Ungarn, von dem Grund warum sie nach Deutschland gekommen sind und das sie das Haus indem sie jetzt wohnen in einem sehr schlechten Zustand gekauft und in mühevoller Arbeit renoviert und liebevoll eingerichtet hatten. Dabei verging die Zeit wie im Flug und ich erschrak, als ich auf die Uhr sah und bemerkte, dass es Mittag wurde. Unsere Gastgeberin wollte für uns kochen.

Sie war fast beleidigt, dass wir dankend ablehnten. Mittlerweile saß unser Hund schon lange allein im Auto und es wurde Zeit, dass ich ihn erlöste. Der Mann kam mit mir zum Auto und schimpfte freundschaftlich, weil wir den Hund nicht mit rein gebracht hatten.

Nachdem unser Balu trotz strömendem Regen im Garten getollt hatte, ließ unser Gastgeber keine Widersprüche gelten und das Tier musste mit ins Haus. Seine Frau stellte sofort ein Schälchen Wasser bereit und dann ging unsere Gesprächsrunde weiter. Es wurden noch Bilder vom Ort und vom Grundstück in Ungarn hervorgeholt. Wir fühlten uns wie unter alten Freunden. Später, auf dem Weg zurück in unsere Pension, waren Carmen und ich uns einig, dass wir sehr lange nicht mehr so nette Menschen getroffen hatten.

Noch tagelang schmiedeten wir Pläne, wie wir auf dem Grundstück ein Haus bauen und dabei im vorhandenen Wohnwagen Leben könnten. Wenn wir alles selbst machen, wäre der finanzielle Aufwand machbar gewesen. Aber nach der ersten Euphorie und realistischer Betrachtung des ganzen Unterfangens, mussten wir uns eingestehen, dass wir gesundheitlich gar nicht in der Lage waren diese Arbeit und den damit verbundenen Stress zu stemmen.

Damit war die Idee, nach Ungarn zu ziehen, noch lange nicht aus der Welt und wir beobachteten weiter den ungarischen Immobilienmarkt. Schnell hatten wir im Internet sechs Häuser gefunden, die uns gefallen hatten und die für uns finanzierbar waren. Als wir die Besitzer kontaktierten, um einen Besichtigungstermin zu vereinbaren, waren die ersten drei Häuser davon bereits verkauft worden. Ein Haus von den übrigen drei, gehörte einer Familie aus Hamburg. Sie hatten das Haus vor sechs Jahren gekauft und renoviert. Jetzt wollten sie es verkaufen, da sie seit zwei Jahren keine Zeit hatten nach Ungarn zu fahren und sich dies in absehbarer Zeit auch nicht ändern würde. Auf den Bildern im Internet war alles richtig schön zurechtgemacht. Da niemand vor Ort in Ungarn war, schickten sie uns die Schlüssel und die Fernbedienung für die Alarmanlage per Post. Das zweite Haus gehörte einem Deutschen, wurde zurzeit noch von einer Ungarin bewohnt. Wir bekamen problemlos einen Besichtigungstermin. Das dritte Haus stand leer und wurde von einem deutschen Makler, welcher in Ungarn lebt, angeboten. Auch hier wurde schnell ein Besichtigungstermin gefunden.

Nun ging es daran eine günstige Pension oder ein Hotel zu finden von dem aus wir die drei Häuser gut erreichen konnten. Bald hatten wir ein günstiges Hotel gefunden und das Kennenlernen Ungarns konnte beginnen.

UNGARN WIR KOMMEN

Anfang Juli war es soweit. Unser Ziel war das Pahok Vendeglo Panzio in Heviz. Von dort aus konnten wir die verschiedenen Hausbesichtigungen starten und hatten hoffentlich noch Zeit Land und Leute kennenzulernen.

Die Fahrt war lang und aufgrund unserer körperlichen Beschwerden mussten wir viele Pausen und Zwischenstopps machen. Unterwegs ärgerten uns immer wieder Regenschauer. Als wir am nächsten Morgen bei Eisenstadt die Grenze zwischen Österreich und Ungarn überquerten, wurden wir von strahlendem Sonnenschein empfangen. Wir fuhren Landstraße von Sopron bis Sümeg und von dort nach Heviz. Auf der Straße herrschte kaum Verkehr und im Gegensatz zum hektischen Straßenverkehr in Deutschland war die Autofahrt richtig angenehm. Die erste für uns spannende Situation kam trotzdem schon kurz hinter Sopron.

Vor uns war ein Bahnübergang. Die Schranken waren oben und es blinkte ein weißes Licht. Da ich dies nicht kannte und nicht sicher war was das blinkende weiße Licht bedeutet, fuhr ich langsam an den Bahnübergang heran und hielt vor den Schienen an. Da auf der Straße weit und breit kein Auto war, behinderte ich den Verkehr nicht und konnte in Ruhe links und rechts schauen, ob ein Zug kam. Nachdem wir uns überzeugt hatten, dass kein Zug zu sehen war, setzten wir unsere Reise fort. Später, am nächsten Bahnübergang, sahen wir ein Schild, auf dem ein rotes Blinklicht abgebildet war und uns war klar, dass wir bei Rot anhalten mussten und die Schranken runter gingen. Besser einmal zu viel gewartet, als das was passiert.

Von der Grenze bis nach Heviz waren es ungefähr 180 Kilometer. Auf der ganzen Strecke begegneten uns kaum Autos und auch in unserer Richtung hatten wir meist freie Fahrt. Nur wenige kleine Orte mussten wir durchqueren. Da kein Stress auf den Straßen herrschte, konnten wir die Natur genießen. Ein paar riesige, gelbe Sonnenblumenfelder schmiegten sich an die Straße und wir hatten das Gefühl das der Himmel blauer, die Sonnenblumen gelber und alles klarer, weiter und freier war, als in Deutschland. Später erfuhren wir in Gesprächen, dass es sehr vielen Menschen so geht.

Im ersten Ort hinter Sopron waren kleine Läden und Verkaufsstände, an denen den Touristen noch allerlei Mitbringsel aus Ungarn angeboten wurden. Uns fielen im Vorbeifahren sofort die riesigen Wassermelonen auf. Wir beschlossen uns auf dem Rückweg eine mitzunehmen.

Gegen Mittag hob sich in der Ferne vor uns auf einem Hügel, welcher wie ein Kegel aus der Landschaft ragte, eine Burg vor dem blauen Himmel ab. Wie wir kurz darauf feststellten, gehörte sie zu dem Ort Sümeg. Unser Navi führte uns auf der Hauptstraße geradeaus, am Ortsrand entlang, Richtung Balaton. Kurz vor Ortsende meldete sich das Navi: „Bei nächster Gelegenheit wenden" Was tun? Auf der Landkarte hatte ich gesehen, das Heviz am Westufer des Balaton liegt und wir auf dieser Strecke direkt dorthin kamen. Dann mussten wir ein Stück am Balaton entlang über Gyenesdias und Keszthely nach Heviz fahren. Wir konnten auch Querfeldein über kleinere Landstraßen fahren, was etwas kürzer war.

Ein Paarhundert Meter vorher ging rechts eine Straße nach Sümeg rein. Wahrscheinlich war dies der Abzweig für die Querfeldeinstrecke, wohin uns das Navi jetzt zurückführen wollte. Nach kurzer Überlegung entschieden wir uns auf das Navi zu hören und die kürzere Strecke zu nehmen. Also kehrten wir um. Es waren nur circa 400 Meter die wir zurück mussten, dann ging es links ab und durch den Ort hindurch. Es war ein schöner kleiner Ort mit der hoch über die Häuser ragenden Burg als weithin sichtbares Wahrzeichen.

Bisher war die Straße gut ausgebaut, überwiegend eben, geradeaus und gut zu fahren. Aber ab Sümeg die kleineren Landstraßen forderten mehr die Aufmerksamkeit. Die Straße war schmal und immer wieder galt es kleinen Schlaglöchern auszuweichen. Gerade fuhren wir noch an Wiesen und Feldern vorbei, doch nun standen die Bäume dichter Wälder bis nah an die Straße heran. Die Landschaft war hier Hügeliger und einige unübersichtliche Kurven galt es zu durchfahren.

In Heviz führte uns das Navi am Thermalbad vorbei Richtung Alsopahok. An einer Anhöhe war links ein größeres Gebäude, von dem wir annahmen, das es ein Krankenhaus war. Hier sollten wir, laut Navi, rechts abbiegen. Da es der Straßenname war, den wir als Zielort des Hotels hatten, freuten wir uns, endlich angekommen zu sein. Wir fuhren die Straße entlang und bei der angegebenen Hausnummer war kein Hotel zu sehen, nur ein normales Wohnhaus. Daher fuhren wir erst mal weiter, in der Hoffnung, dass wir die falsche Hausnummer hatten und das Hotel noch irgendwo weiter hinten in der Straße war. Von einem Hotel war keine Spur zu sehen. Wir fuhren die Straße noch mal hoch und runter, nichts.

Langsam wurden wir nervös. Wir waren in einem fremden Land, konnten die Sprache nicht und das Ziel war einfach nicht dort, wo es sein sollte. Wie sollten wir das Hotel finden? Glücklicherweise hatte ich die Website des Hotels ausgedruckt.

Wir holten den Ausdruck hervor und verglichen Straßennamen und Hausnummer. Hmm, es war alles richtig. Aber wo war das Hotel? Dann sah ich mir die beigefügte Ortsskizze an. Der Straßenname, an dem das Hotel lag, war richtig. Aber die Hauptstraße, von welcher aus die Straße zum Hotel abging, hieß anders wie die, die am Krankenhaus vorbei führt und von welcher aus wir gekommen waren. Na super – und nun?

Ich gab den Namen der Hauptstraße ein und von dort aus musste irgendwo die Straße zum Hotel abgehen. Laut Navi war es von unserem Standpunkt aus noch circa drei Kilometer. Also machten wir uns auf den Weg und kamen nach Alsopahok. In Alsopahok sahen wir gleich an der ersten Kreuzung links den Straßennamen, von der aus die Straße zum Hotel abbiegen musste. Doch beim Blick nach rechts sahen wir, auch dort hatte die Straße denselben Namen. Wir entschlossen uns erst links nachzusehen und fuhren die Straße bis zum Ortsausgang. Der Weg, der zum Hotel führte, war nicht zu sehen. Also umkehren und in der anderen Richtung unser Glück versuchen.

Kurz darauf sahen wir das Hotel. Direkt an der Straßengabelung war ein Parkplatz und dahinter war unser Ziel. Die Erleichterung, dass wir endlich angekommen waren, war natürlich riesengroß. Trotzdem war es jetzt nicht weniger spannend. Wie wird es mit der Verständigung hier im Hotel. Können wir, da wir eine Stunde vor offizieller Zimmerbelegung da waren, unser Zimmer beziehen. Da wir durch die lange Fahrt, trotz genügend Pausen, sehr erschöpft waren, wollten wir gern schnellstmöglich auf das Zimmer.

Aber zuerst holten wir unseren Hund Balu aus dem Auto, damit er Bewegung bekommt und sein Geschäft erledigen konnte. Die lange Fahrt war auch für ihn sehr anstrengend, aber er hat super durchgehalten und war so lieb auf der Fahrt.

Die Anmeldung war im Hotelrestaurant. Hinter der Bar stand der Besitzer und empfing uns freundlich und wie sich heraus- stellte, sprach er sehr gut Deutsch. Das Hotel war ein kleines Familienhotel mit wenigen Zimmern und dem Restaurant. Hier arbeiteten scheinbar ausschließlich Familienmitglieder.

Da sich der Chef nicht sicher war, ob das Zimmer fertig ist, sollten wir 10 Minuten warten. Wir nutzten die Zeit und gingen noch mal ein Stück mit Balu an der Straße spazieren. Hier waren wir sehr erstaunt, dass uns jeder, der uns begegnete, nett grüßte. Wir konnten sie zwar nicht verstehen, aber uns war schnell klar, dass es sich um einen Tagesgruß handeln musste. Zurück beim Hotel setzten wir uns noch ein paar Minuten unter einem Baum auf eine Bank, welche dort im Schatten stand.

Dann holten wir unser Gepäck aus dem Auto und nahmen es gleich mit ins Hotel. Das Zimmer war fertig und wir konnten uns direkt dorthin zurückziehen. Nachdem wir uns frisch ge- macht hatten, legten wir uns aufs Bett, um uns auszuruhen. Der Schlaf hat uns schnell übermannt. Später wurden wir durch ein lautes Grollen geweckt. Es dauerte einen Moment, bis wir wieder klar waren und wussten, wo wir sind. Sollte es

Donner gewesen sein? Beim Blick aus dem Fenster zuckte plötzlich ein Blitz auf und gleich darauf grollte der Donner. Nun war auch ein leises Plätschern zu vernehmen. Balu hatte sich in eine Ecke verkrochen und schaute ängstlich zu uns rüber.

Eigentlich hatten wir uns auf schönes Wetter gefreut und jetzt war ein Gewitter. Es dauerte nicht lange und es war alles wieder vorbei, die Wolken verzogen sich und die Sonne kam zum Vorschein. Da bis zum Abendessen genügend Zeit war, beschlossen wir einen Spaziergang zu machen und uns die Gegend anzusehen.

Als wir das Hotel verließen, dampfte die Erde von dem verdunstenden Wasser und die Luft war klar und angenehm erfrischend. Uns fiel sofort die Stille auf, die nur von Vogelgezwitscher unterbrochen wurde. In der Ferne bellte ein Hund, aber es gab kein Auto- oder Flugzeuglärm, nichts war zu hören.

Wir gingen Richtung Ortsausgang. Uns fiel auf, dass einige Häuser in keinem besonders guten Zustand waren. Aber die Vorgärten waren gepflegt und liebevoll mit Blumenbeeten hergerichtet. Die Straßengräben waren offen, sauber und nicht verrohrt, wie es in Deutschland fast überall üblich ist.

Von den wenigen Menschen, die in ihren Gärten waren, wurden wir nett gegrüßt. Wir kamen uns vor wie auf einer Zeitreise, als wäre hier die Zeit vor fünfzig Jahren stehen geblieben. Und doch fühlten wir uns sofort wohl.

DAS GEISTERHAUS

Für den folgenden Tag, einen Freitag, hatten wir keinen festen Termin. Wir wollten uns später das Haus von dem Hamburger Ehepaar ansehen. Daher gingen wir den Tag ganz entspannt an. Wir machten uns in aller Ruhe fertig und gingen vorm Frühstück noch gemütlich eine Runde mit Balu.

Als wir später am Frühstückstisch Platz genommen hatten, kam der Wirt zu uns und begrüßte uns, als würde er uns seit Jahren kennen. Er erkundigte sich, ob wir gut geschlafen hatten. Dann fragte er, ob wir Kaffee oder Tee zum Frühstück trinken und wie wir unsere Frühstückseier möchten. Durch die offene Küchentür konnten wir von unserem Platz aus sehen, dass er persönlich die Teller für uns frisch belegte. Es dauerte zwar ein Weilchen bis er uns alles an den Tisch brachte, aber wir staunten nicht schlecht, was er uns alles aufgetischt hatte. Frische Brötchen, Brot, ein Teller mit verschiedenen Wurstsorten und Schinken, ein Teller mit verschiedenen Käsesorten, ein Teller mit geviertelten Tomaten, Gurkenscheiben und roten- gelben- und grünen Paprikastreifen. Und alles liebevoll dekoriert. Wir fragten den Wirt, ob noch mehr Personen an unseren Tisch kommen. Er garantierte, das sei alles nur für uns. Das Frühstück ließ wirklich keine Wünsche offen. Wir ließen uns ausgiebig Zeit und genossen das vorzügliche Essen.

Es ging schon auf die Mittagszeit zu, als wir zu unserer ersten Besichtigung fuhren. An Marcali vorbei und von dort in ein kleines Dorf ein ganzes Stück von Marcali entfernt. Unterwegs, von einer Anhöhe blickten wir im Vorbeifahren auf ein Sonnenblumenfeld. Wir fuhren rechts in einen Feldweg und gingen zum höchsten Punkt, um Fotos zu machen. Für uns war dies ein ganz besonderer Moment. Der Anblick, der sich uns bot, war überwältigend. Gelb mit ein paar Büschen als grünen Farbtupfern darin bis zum Horizont. Darüber dieser wunderbare blaue Himmel und eine himmlische Stille. Außer Vogelgezwitscher war kein Laut zu hören. Natur pur. Dazu kam diese klare, angenehme Luft. Trotz Temperaturen von über 30 Grad im Schatten, war das Klima sehr erträglich und nicht so schwül und stickig, wie es in Deutschland häufig ist. Wir hatten plötzlich ein vorher nie gekanntes Gefühl von Frieden, Ruhe und Entspannung. Dieses Bild, diese Ruhe und dieses Gefühl sogen wir in uns auf. Der Zauber Ungarns hatte uns in seinen Bann gezogen. Anschließend machten wir noch ein paar Bilder und schon ging es weiter.

Unser Ziel war das leer stehende Haus, von welchem wir die Schlüssel zugeschickt bekommen hatten. Das Navi führte uns in dem Ort in eine nur dünn bebaute Seitenstraße. Da die Besitzer seit über zwei Jahren nicht vor Ort waren, gingen wir davon aus, dass das Grundstück ungepflegt ist. Aber der Anblick, welcher uns hier erwartete, hat unsere Befürchtungen noch weit übertroffen. Wir standen vor einem eingezäunten Grundstück. Das Tor war mit einem Vorhängeschloss gesichert und dahinter war dichter Urwald. Hinter hohem Gras, Gestrüpp, und Büschen, stand in zwanzig Meter Entfernung ein kleines Haus, welches von der Straße aus nur zu erahnen war. Von außen war es zwar nicht sehr vertrauenerweckend, aber da die Bilder im Internet ein schön zurechtgemachtes Innenleben versprachen, beschlossen wir uns das Ganze etwas genauer anzusehen.

Nachdem ich das Vorhängeschloss entfernt und das Tor geöffnet hatte, kämpfte ich mich Richtung Haus vor. Vor der eigentlichen Eingangstür war noch eine dicke Spanplatte als zweite Tür angebracht, welche ebenfalls mit einem Vorhängeschloss gesichert war. Ich öffnete diese Tür und entsicherte mit der Fernbedienung die Alarmanlage, bevor ich die Haustür aufschloss. Ein muffiger, moderiger Geruch kam mir entgegen. Meine Eltern hatten früher ein Bauernhaus mit einem Natursteinkeller darunter. Dadurch, dass der Keller immer etwas feucht und schlecht belüftet war, roch es dort auch so modrig und stickig. Hier in diesem Haus kam noch ein unangenehmer leicht beißender Geruch hinzu.

Nachdem ich eingetreten war, kam auch Carmen zur Tür. Sie traute sich nicht ganz heran und wich sofort zurück, als sie den Geruch wahrnahm. Sie meinte sofort, dass wir gar nicht weiter schauen brauchen, denn dieses Haus würde sie nicht betreten.

Die ersten paar Meter auf dem Grundstück war Balu noch mit gekommen, aber dann hielt er Abstand zum Haus. Er war nicht zu bewegen in die Nähe des Hauses zu gehen. Carmen und Balu zogen sich sofort wieder zurück.

Auch ich hatte ein mulmiges Gefühl in dem Haus und mir war sofort klar, dass dies hier bestimmt nichts für uns ist. Trotzdem war die Neugier groß und ich tastete mich durch die Dunkelheit. Durch die geöffnete Tür kam nur ein leichter Lichteinfall und mich überkam ein leichter Ekel, während ich mich durch Spinnweben zum nächsten Fenster kämpfte, um die Rollläden zu öffnen. Nachdem Licht durch die Fenster einfiel, erkannte ich, dass ich mitten in der Küche stand.

An manchen Stellen bröckelte der Putz von den Wänden und es sah aus wie von Geschoßhageln eingekerbt. Die Ecken waren schwarz und schimmelig und vor den Fenstern hingen verschimmelte Vorhänge wie Leichentücher herab. Von der Küche nach links ging es direkt ins Bad. Auch hier dasselbe Bild. Rechts kam ich ins Wohnzimmer. Ich öffnete die Rollos und auch hier sah es nicht anders aus. Alle Zimmer im Haus waren Durchgangszimmer. An das Wohnzimmer schloss sich das Schlafzimmer und daran kam noch ein kleines Zimmer, welches als Gäste oder Kinderzimmer genutzt werden konnte. In diesen beiden Zimmern befanden sich keine Fenster, sodass ich nicht viel erkennen konnte. Das bisschen was ich sah, war erschreckend genug. Das Ganze kam mir vor wie ein Geisterhaus und nur beim Gedanken daran, läuft mir ein kalter Schauer über den Rücken.

Voller Vorfreude waren wir hierhergekommen und jetzt standen wir voller Enttäuschung und Ernüchterung vor dieser Ruine. Ich machte mit meinem Handy Bilder und schickte sie, zusammen mit der Nachricht dass wir kein weiteres Interesse an dem Haus haben, direkt per WhatsApp der Besitzerin. Die Eigentümerin war sehr erstaunt und entsetzt über den Erhaltungszustand ihres Hauses. Da über zwei Jahre nicht gelüftet wurde, war der Zustand des Hauses kein Wunder. Sie boten uns noch an, erheblich mit dem Preis runter zu gehen, aber dieses Haus hätten wir nicht geschenkt genommen. Im Internet hatte ich bereits gelesen, dass viele schlecht erhaltene Immobilien in Ungarn angeboten wurden, gerade in unserer Preisklasse. Daher erwarten wir auch keine Luxusvilla, aber dies war doch sehr extrem. Ein verwilderter Garten hätte uns nichts ausgemacht, das kann man alles wieder schön anlegen. Auch wenn es im Haus schmutzig ist, oder das viel renoviert werden muss, haben wir eingeplant. Aber so viel Schimmel, das war uns dann doch zu heikel.

Nachdem ich alles verschlossen hatte und die Alarmanlage aktiviert war, machten wir uns auf die Rückfahrt. Schon nach wenigen Minuten hielt ich wieder an. Mir juckte und krabbelte es am ganzen Körper. Selbst Carmen, die ja noch nicht mal einen Schritt ins Haus gemacht hatte, sondern gleich umgekehrt war, hatte dasselbe Gefühl. Sie holte ein paar Feuchttücher, welche wir immer im Auto haben, aus der Seitenablage und wir wischten uns gründlich damit ab. Trotzdem blieb dieses unangenehme Gefühl, als wäre immer noch alles voll Spinngewebe und kleinen Tierchen. Eigentlich hatten wir vor ein bisschen Zeit am Balaton zu verbringen, aber wir zogen es vor ins Hotel zu fahren, zu duschen und uns umzuziehen.

Da wir für den nächsten Morgen um zehn Uhr einen Termin bei einem Makler in Gynesdias hatten, beschlossen wir heute nicht zum Balaton, sondern schon nach Gynesdias zu fahren. Nachdem wir uns wieder frisch gemacht hatten und noch ein wenig ausgeruht, machten wir uns auf den Weg. So brauchten wir am nächsten Tag nicht lange suchen und konnten die Abfahrtszeit besser planen.

BEIM MAKLER

Das Frühstück war wieder sehr ausgiebig und lecker. Anschließend fuhren wir direkt zum Makler, um uns mit ihm das nächste Haus anzusehen. Wobei die Vorfreude nach dem gestrigen Reinfall nicht sehr groß war.

Am Vortag hatten wir gesehen, dass das Büro des Maklers in einem großen zweigeschossigen Wohnhaus integriert war. Wir parkten das Auto an der Straße und nahmen Balu an die Leine. Das Maklerhaus war einige Meter zurückversetzt auf dem großen Grundstück. Durch ein geöffnetes Tor betraten wir die gepflasterte Einfahrt. Als wir an einem hier geparkten Geländewagen vorbei gingen, kam der Makler bereits aus dem Haus. Er führte uns in die obere Etage ins Büro. Hier erklärte er uns, dass wir noch auf seinen ungarischen Kompanion warten müssen, da er bei der Besichtigung dabei sein sollte. Während wir warteten, erzählte er uns seine Lebensgeschichte und das er erst kürzlich in einer Fernsehdokumentation über Auswanderer in Ungarn, ein Interview über Immobilien in Ungarn gegeben hatte.

Er schien zwar recht freundlich, aber meiner Frau und mir war er nicht wirklich sympathisch. Die herablassende Art, wie er über die Ungarn redete und selbst über die deutschen Rentner, die nach Ungarn ziehen, zog er ganz schön her. Er schien zu vergessen, dass dies die Menschen sind, die ihm seinen scheinbaren Wohlstand ermöglichen.

Schließlich kam sein Partner und es konnte losgehen. Wir fuhren mit dem Geländewagen und es ging in rasantem

Tempo circa eine halbe Stunde über eine kurvenreiche Strecke in die Hügel im Zalagebiet. Balu, der auf der hinteren Sitzbank zwischen Carmen und mir saß, wurde durchgeschüttelt und wir hatten bedenken, dass er brechen musste.

Endlich kamen wir am Zielort an. Es war ein kleines Dorf, welches sich im Tal zwischen zwei bewaldeten Hügeln entlangschlängelte. Zwei Straßen führten parallel zueinander den Hügel hinauf und in der Mitte, zwischen den Straßen plätscherte ein Bach dahin. Alle 300 bis 400 Meter verband eine Brücke die beiden Straßen und auch hier schien die Zeit stehen geblieben zu sein.

Dann fuhren wir über eine dieser Brücken auf die andere Seite des Baches und hielten vor einem langgezogenen Grundstück. Vom Tor zum Haus führte ein schmaler Weg durch einen mit Gras und ein paar Blumen bewachsenen Garten. Ein Rosenbogen war der Übergang von der Rasenfläche zu dem Teil, wo das Haus, mit einer kleinen Freifläche und einem Brunnen, sich befand. An das Haus schlossen sich ein kleiner Schuppen und Stallungen an. Weiter hinten ging das Grundstück vom ebenen mit Gras bewachsenen Teil über, in den Teil, welcher sich leicht einen Hang hinauf zog und stark bewaldet war. Insgesamt machte der Garten einen gepflegten Eindruck, zumindest bis zum Waldrand.

Auch das Haus machte einen soliden Eindruck. Sicherlich könnte es ein bisschen Farbe gebrauchen. Zumindest war der Putz in Ordnung und es bröckelten nicht, wie bei vielen Häusern hier auf den Dörfern, große Putzstücke von den Wänden. Lediglich beim Dach war ich mir nicht sicher, ob es lange halten wird. An manchen Stellen hing es sichtlich durch. Obwohl das Haus nicht mehr bewohnt war, hatten wir das Gefühl, das der Besitzer nur kurz das Haus verlassen hatte.

Überall lagen noch Sachen rum und meine Frau wäre fast über ein paar alte Hausschuhe gestolpert, die im Weg standen. Der Makler erklärte uns, dass das Haus die letzten Jahre von einer alten Frau bewohnt wurde, die vor ein paar Wochen gestorben war. Die Kinder der Frau wollten das Haus so verkaufen, wie es war.

Man sah, dass innen lange nichts gemacht wurde. Aber mit Farbe und ein paar kleinen Reparaturen könnte man es schön zurechtmachen. Lediglich das Bad musste komplett erneuert werden und auch die Fenster hatten ihre besten Zeiten längst hinter sich.

Während Carmen mit den beiden Maklern beim Haus blieb, ging ich mit Balu in den hinteren Teil des Grundstücks, der einem kleinen Urwald glich. Holz für den Kamin, wäre hier für viele Jahre gesichert. In den Hang war ein Außenkeller eingelassen. Die Eingangstür war etwas morsch, aber mit einem Vorhängeschloss gesichert. Zurück beim Haus erklärte mir der Makler, dass für das Kellertürschloss kein Schlüssel vorhanden war.

Da das Dach des Wohnhauses auf mich keinen soliden Eindruck machte, wollte ich gern auf den Dachboden und mir das Gebälk aus der Nähe ansehen. Doch auch hier bekam ich keinen Zugang, da, nach Aussage des Maklers, der Zugang über das direkt ans Haus grenzende Nebengebäude besteht und auch dafür kein Schlüssel vorhanden war.

Bevor wir zurückfuhren, wollte der Makler wissen, ob wir das Haus kaufen werden. Der Preis für das Haus war, sofern das Dachgebälk und die Lattung in Ordnung war, mit den im und am Haus anstehenden Reparaturen und Erneuerungen in unserem Finanzierungsrahmen. Wenn jedoch noch Kosten für Dachreparaturen oder Erneuerung hinzukämen, würde es unseren Rahmen sprengen. Da wir uns den Zustand des Daches insbesondere der darunter liegenden Balken und Lattung nicht ansehen konnten und er von außen nicht ein- zuschätzen war, sagten wir für dieses Objekt ab. Uns ging es ja in erster Linie darum, nicht schnell ein Haus zu kaufen, sondern das Land kennenzulernen und uns über Land und Leute zu informieren. Ferner wollten wir uns erst mal über den Immobilienmarkt informieren und dann in Ruhe überlegen, ob wir den Schritt gehen.

Bisher gab sich der Makler noch einigermaßen freundlich und redselig. Aber ab jetzt war er uns gegenüber kühl und abweisend. Mittlerweile hatte die Sonne ihren höchsten Stand erreicht und dementsprechend waren die Temperaturen. Wieder im Büro angekommen bat er uns kurz mit hinein, da er uns ein paar Exposés von anderen Immobilien zeigen wollte. Hier goss er sich ein Glas Wasser ein, kam aber nicht auf die Idee auch uns etwas anzubieten. Selbst für Balu hätte er gerne ein Schälchen Leitungswasser hinstellen können. Aber er machte keine Anzeichen. Sein Benehmen seit wir nicht direkt zugesagt hatten, fanden wir doch etwas merkwürdig und nicht in Ordnung. Daher verzichteten wir darauf uns von ihm weitere Angebote zeigen zu lassen und fuhren zurück zum Hotel.

FAST DAS RICHTIGE HAUS

Nachdem wir uns eine Stunde ausgeruht hatten, ging es zur nächsten und letzten Besichtigung. Laut Internetanzeige handelt es sich um ein schönes, kleines Haus mit Grundstück in einem kleinen Ort etwa fünf Kilometer von Marcali entfernt. Der deutsche Besitzer hatte uns bei der Kontaktaufnahme erzählt, dass das Haus zurzeit von einer Ungarin bewohnt wird, die im Verkaufsfalle ausziehen wird.

Wir parkten unser Auto an der Straße vor dem Haus und sahen uns erst mal in Ruhe um. Das Haus stand circa fünf Meter von der Grundstücksgrenze und war von außen schön zurechtgemacht. Das Grundstück war komplett eingezäunt und gepflegt. Ein großer weißer Hund lief frei im Garten rum. Im Hintergrund waren drei große Walnussbäume, links davon stand ein Brunnen und rechts davon ein kleiner Schuppen, in welchem früher Mais gelagert wurde. Jetzt diente er als Holzlager und eine Leiter hing darin. Die Sonne schien auf uns herab, Vögel sangen uns ihr Lied und es herrschte eine herrliche Stille um uns herum. Alles wirkte entspannend und beruhigend auf uns. Wie schon am Vortag, waren wir von Ungarns Zauber fasziniert. Von innen hatten wir das Haus noch nicht gesehen, trotzdem waren wir von diesem Anwesen und der Umgebung in ihren Bann gezogen.

Die Bewohnerin kam freundlich lächelnd aus dem Haus und rief uns zu, dass wir ruhig aufs Grundstück kommen können, da ihr Hund sehr lieb sei. Wir waren erleichtert, dass die Frau deutsch sprach. Balu und der ungarische Hund beschnupperten sich kurz, dann spielten sie sofort friedlich miteinander.

Bei dem Haus handelte es sich um einen ungarntypischen Langbau mit lauter Durchgangszimmern. Der eigentliche Eingang war in einem Anbau in der Mitte des Hauses. Dieser war circa zwei Meter in der Tiefe und zwei Meter in der Breite groß. Die Eingangstür befand sich auf der linken Seite. Er wurde als Vorraum oder Windfang genutzt und von hier kam man direkt ins Wohnzimmer. Links vom Anbau war ebenfalls eine Tür, welche offen stand und durch diese betraten wir nun das Haus. Diese Tür wurde im Sommer überwiegend als Eingangstür genutzt. Beim Betreten standen wir direkt in der Küche. Neben dem Eingang, auf der linken Seite stand ein kleiner Tisch mit zwei Stühlen. Daneben an der Wand befand sich ein Küchenschrank. An der Wand gegenüber, war links eine Spüle und ein kleines Schränkchen und rechts war die Tür zum Bad. Das Bad war sehr klein und eng. An der Wand zur Küche hin, befanden sich ein kleines Waschbecken und daneben die Toilette. An der linken Außenwand war ein kleines Fenster und an der Außenwand gegenüber der Tür, war eine Badewanne mit einem Warmwasserboiler darüber.

Vom Wohnungeingang aus war gleich rechts die Tür zum Wohnzimmer. Dort standen ein Kaminofen, mit welchem das ganze Haus geheizt wurde, eine Couch, ein Sessel und ein kleiner Couchtisch. All das war im linken Teil des Zimmers. Der rechte Teil war der Durchgang zum Schlafzimmer und in der rechten Wand befand sich die eigentliche Haustür mit dem Anbau.

Im Schlafzimmer stand links neben der Tür eine kleine Kommode. In der Mitte der linken Wand befand sich ein Doppelbett. Geradeaus war ein großes Fenster mit Blick zur Straße und an der rechten Wand stand der Schlafzimmerschrank.

Alles in allem ein kleines, sehr gemütliches und helles Häuschen, welches uns sofort gefiel. Im Grunde genommen konnten wir ohne Renovierungsarbeiten einziehen. Auch das gepflegte Grundstück mit den großen schattenspendenden Bäumen war traumhaft.

Draußen, links neben dem Anbau, vor der Küche, befand sich eine gemütliche Sitzecke. Hier setzten wir uns, nachdem wir alles besichtigt hatten, mit der Bewohnerin hin und unterhielten uns noch ein Weilchen. Sie erzählte uns, dass im Ort ein kleiner Laden war und dass es einen Arzt gab. Beides vorn an der Hauptstraße. Weiter erzählte sie, dass sie in Österreich in einem Hotel arbeitet und daher gut deutsch spricht. Ihre kranke Mutter und ihr Bruder wohnen in der Nähe und ihr Bruder hilft ihr bei der Gartenarbeit. Wie sich jetzt herausstellte, war der eingezäunte Teil nur etwa die Hälfte des gesamten Grundstücks. Außerhalb des hinteren Zaunes gehörte eine Wiese von derselben Größe des eingezäunten Teils dazu. Dort befanden sich ein paar Beerensträucher, sowie ein kleines Gemüsebeet.

Dann berichtete sie uns, dass der Dachstuhl von diesem Haus nicht in Ordnung ist und in absehbarer Zeit erneuert werden muss. Bevor ich mir das genauer ansehen konnte, klingelte das Telefon und ihre Mutter rief an. Daraufhin musste sie leider sofort zu ihr fahren.

Nachdem wir uns verabschiedet hatten, entschlossen wir uns in Marcali etwas zu Essen. Auf dem Weg hierher hatten wir in Marcali eine Pizzeria mit einem gemütlichen Biergarten gesehen.

Unter einem schön angelegten und mit Blumen dekorierten Holzpavillon fanden wir ein schattiges Plätzchen. Hinter uns befand sich eine niedrige aus Feldsteinen gebaute Mauer und dahinter war ein großer Garten mit allerlei Kräutern, Tomaten, Paprika, Gurken und verschiedene Kohlsorten. Plötzlich ging der Koch mit einer jungen Frau, wahrscheinlich eine Küchenhilfe, an uns vorbei in den Garten. Die Frau trug einen Weidenkorb. Der Koch zeigte ihr welche Kräuter, Paprika und Tomaten sie ernten sollte. Nachdem sie alles im Korb verstaut hatten, ging es zurück in die Küche. Das hatten wir so auch noch nicht erlebt, dass die Zutaten frisch vor unseren Augen aus dem Garten geholt wurden.

Die Bedienung, eine nette Deutsch sprechende junge Dame, nahm die Bestellung auf und während wir auf die Pizza warteten, redeten wir in Ruhe über das soeben besichtigte Haus. Das Bad könnte etwas größer sein und es könnten ein paar Stellflächen für den einen oder anderen Schrank mehr sein. Daher überlegten wir uns, für den Fall das wir es kaufen sollten, links an die Küche anzubauen. Ein Zimmer, in welches wir noch ein oder zwei Schränke stellen könnten und wo bei Bedarf Besuch schlafen kann. Und ein größeres Bad. Wo jetzt das Bad war, könnte ein Vorratsraum entstehen. Auf alle Fälle wollte ich mir den Dachstuhl ansehen und den Ort, insbesondere die Nachbarschaft.

In der Hoffnung, dass die Bewohnerin zurück sei, fuhren wir nach dem Essen erneut zu dem Haus. Leider war niemand da. Wir beschlossen, unser Auto stehen zu lassen und zu Fuß den Ort zu erkunden. Wir gingen die Straße entlang Richtung Ortsende. Etwa vier oder fünf Häuser weiter befand sich ein Auto mit deutschem Nummernschild auf dem Hof. Beim vorletzten Haus, welches auf einem größeren Grundstück stand, kamen zwei Hunde bellend an den Zaun gerannt. Balu zog sofort dorthin und die drei beschnupperten sich durch den Zaun.

Eine junge Frau schaute um die Ecke, um zu sehen, warum ihre Hunde Krach machten. Sie winkte uns zu und rief laut Hallo. Da wir ebenso mit einem Hallo antworteten, kam sie zu uns herüber. Wie sich herausstellte, handelte es sich um eine junge Holländerin, die vor zwei Jahren das Haus gekauft hatte, um hier eine Pferdezucht zu betreiben. In den zwei Jahren ist sie zwischen Holland und Ungarn gependelt um Haus und Ställe nach ihren Vorstellungen umzubauen. Vor zwei Wochen ist sie endgültig hierher gezogen. Sie strahlte eine Freude aus und sprach so begeistert über Land und Leute in diesem Ort und Ungarn allgemein, dass wir am liebsten gleich hiergeblieben wären.

Nach diesem netten Gespräch setzten wir unseren Weg fort. Hinter dem letzten Haus gabelte sich die Straße. Geradeaus ging es in den Wald und rechts am Ortsrand entlang. Dieser Weg war nicht bebaut. Etwa 400 Meter weiter ging eine Straße rechts ab in den Ort zurück und hier standen auf beiden Seiten Häuser.

Wir waren begeistert von den Mengen an reifen saftigen Tomaten, Paprika, Gurken und Melonen, die links und rechts in den Gärten wuchsen. Die Menschen, denen wir begegneten, grüßten uns freundlich und wir hatten das Gefühl, dass wir dazu gehörten.

Am Ende dieses Weges kamen wir zurück auf die Durchgangsstraße. Links standen nur noch wenige Häuser, dann war der

Ort zu Ende. Rechts um die Ecke befand sich eine Bushaltestelle mit einem wunderschönen Wartehäuschen. Hier war alles sauber und gepflegt. Von Deutschland kannten wir nur vollgemüllte und bemalte Wartehäuschen.

Etwas zurückversetzt befand sich der kleine Tante Emma Laden und gegenüber, auf der anderen Seite der Durchgangsstraße, schien die Praxis des Arztes zu sein.

Wir setzten unseren Weg fort und stellten fest, dass hier im gesamten Ort kaum Autos fuhren und eine herrliche Ruhe herrschte. Nach 400 Meter war auch in diese Richtung der Ort zu Ende und wir bogen erneut rechts ab und gingen zurück zu unserem Auto. Die Bewohnerin des Hauses war noch nicht zu Hause. Wir beschlossen am nächsten Tag, also Sonntagmorgen, ein weiteres Mal hierher zu fahren.

Ich legte einen Zettel auf den Tisch der Sitzecke im Garten, auf welchem ich der Frau mitteilte, dass wir sie am nächsten Tag um elf Uhr erneut besuchen wollten. Außerdem schrieb ich meine Telefonnummer auf, mit der Bitte, dass sie uns Bescheid gibt, falls sie keine Zeit für uns hat. Der Hund lief immer noch frei auf dem Grundstück herum. Da sein Wassernapf leer war, füllte ich ihn an einem Wasserhahn, welcher draußen am Haus befestigt war, auf. Gierig machte er sich über das Wasser her.

Obwohl wir die ganze Zeit in der Nähe des Balaton waren, hatten wir es noch nicht bis dorthin geschafft. Da es inzwischen früher Abend geworden war und wir erschöpft waren, beschlossen wir direkt zum Hotel zu fahren.

DRITTER TAG, NETTE MENSCHEN

Am nächsten Morgen erwartete uns wieder ein liebevoll hergerichtetes leckeres Frühstück. Die Frau von der gestrigen Besichtigung hatte sich nicht mehr gemeldet und wir machten uns auf den Weg zu ihr.

Inzwischen hatten wir uns natürlich intensiv Gedanken gemacht. Das Haus und das Grundstück, welches wir uns gleich ein weiteres Mal ansehen wollten, gefielen uns sehr. Der Preis war supergünstig. Für das Geld bekämen wir in Deutschland nicht einmal eine Garage, oder einen vernünftigen Gebrauchtwagen. Das Haus war so, dass man direkt einziehen konnte. Die Anbaumaßnahmen konnte man später erledigen. Der Ort und seine Atmosphäre gefielen uns ebenfalls und die Menschen waren alle sehr nett. Marcali, der nächstgrößere Ort war nur circa fünf Kilometer entfernt. Und dort bekamen wir so ziemlich alles, was wir brauchten. Hier gab es weitere Ärzte, ein Thermalbad, einen kleinen Baumarkt, Penny, Lidl, Aldi, Tesco und viele ungarische Geschäfte, sowie verschiedene gemütliche Restaurants. Im Grunde passte alles.

Vor Ort angekommen, kam uns der große weiße Hund gleich Schwanz wedelnd entgegen gelaufen. Die Frau begrüßte uns freundlich und ich erklärte ihr, dass ich mir gern den Dachstuhl ansehen möchte. Dorthin kam ich nur von außen über eine Leiter. Ich holte die Leiter aus dem kleinen Schuppen, stellte sie an die Hauswand unterhalb der Dachluke und kletterte trotz meiner Höhenangst mutig hinauf. Nachdem ich die Luke geöffnet hatte, stellte ich fest, dass unter dem Dach mehrere Nester von Wildbienen waren. Von meinem Standplatz aus betrachtete ich das Gebälk und die Lattung, alles machte auf mich einen guten Eindruck.

Anschließend brachte ich die Leiter zurück an seinen Platz. Da die derzeitige Bewohnerin keine Zeit hatte, beschlossen Carmen und ich noch einmal die Runde von gestern durchs Dorf zu machen. Wir wollten die Nachbarschaft unter die Lupe nehmen. Als wir die Runde fast beendet hatten und bei der Bushaltestelle ankamen, hielt ein Auto neben uns an. Die Beifahrerin, ein junges Mädchen, sprach uns mit gebrochenem Deutsch an und fragte, ob wir die Deutschen sind, die sich für das Haus interessieren. Nachdem wir dies bejaht hatten, sagte sie, wir sollten gleich zur Karla kommen und dann fuhren sie weiter.

Carmen und ich schauten uns verdutzt an und rätselten, wer diese Karla sei. Wir dachten uns, vielleicht ist es jemand aus der Nachbarschaft des Hauses. Daher entschieden wir uns nicht sofort ins Auto zu steigen und loszufahren, sondern ein paar Meter weiter zu gehen. Vielleicht würde uns jemand ansprechen.

Dort angekommen, ging schräg gegenüber von dem Haus, für welches wir uns interessierten, das Tor auf. Eine Frau streckte ihren Kopf heraus und fragte uns auf Deutsch, ob wir uns das Haus auf der anderen Straßenseite ansehen wollten. Dann lud sie uns ein, zu ihr in den Garten zu kommen. Zwei Hunde kamen uns schwanzwedelnd entgegen. Balu hatte zwei Freunde gefunden, mit denen er im Garten herum tollen konnte. Wir stellten uns gegenseitig vor und bekamen frischen Kaffee und kalte Getränke.

Es stellte sich heraus, dass ihre Nachbarin, eine Ungarin, uns bereits zum dritten Mal dort gesehen hatte. Sie dachte, wir hätten niemand angetroffen. Damit wir nicht noch öfter umsonst dorthin kommen mussten, hatte sie Karla gebeten, dass sie sich um uns kümmert. Diese hatte den Sohn und die Tochter der Ungarin losgeschickt uns zu suchen und zu ihr zu schicken.

Durch Karla, die mit ihrem Mann bereits über zehn Jahre dort wohnten, erfuhren wir einiges über den Ort und die Bewohner. Sie erzählte uns, dass schon einige Interessenten das Haus kaufen wollten. Diese waren immer wieder abgesprungen, da die derzeitige Bewohnerin vom kaputten Dachstuhl und allerlei Schäden erzählt hatte. Die Frau war die ehemalige Freundin des Besitzers und weigerte sich jetzt auszuziehen und unternahm alles um Interessenten abzuschrecken.

ENDLICH BALATON

Nachdem wir uns bedankt und verabschiedet hatten, fuhren wir endlich zum Balaton. Von Marcali nach Balatonbereny waren es nur ein paar Kilometer. Hier fanden wir einen Parkplatz in der Nähe des Strandbads.

Das Bad war komplett eingezäunt und entlang der Straße waren mehrere kleine Souvenirshops und Restaurants. Um auf die Liegewiese und zum Strand zu kommen, mussten wir Eintritt bezahlen. Hunde durften nicht mit ins Bad.

Da wir inzwischen Hunger hatten, wollten wir erst mal eine Kleinigkeit essen. In Ungarn sollte das Langos sehr gut schmecken. Bisher hatten wir einmal in Deutschland auf einem Weihnachtsmarkt für sechs Euro Langos gegessen. Dieser triefte von Fett und war absolut grässlich. Daher gingen wir skeptisch an die Sache. Aber probieren wollten wir ihn schon ganz gern. Meine Frau studierte gleich beim ersten Restaurant die Karte, während ich mit Balu zum nächsten ging, um zu sehen, was es dort gutes gab.

Kaum hatte ich begonnen die Speisekarte zu betrachten, winkte meine Frau mich zu sich. Eine nette, Deutsch sprechende Kellnerin hatte ihr gesagt, dass wir durchgehen und mit Balu auf der Terrasse innerhalb des Badebereiches Platz nehmen können. Wir sollten Balu jedoch nah bei uns halten. Sie führte uns durch den Lagerbereich der Küche hinaus auf die Restaurantterrasse. Wir saßen direkt an der Liegewiese mit Blick auf Strand und See.

Hier gab es für umgerechnet 1,90 Euro Langos. Bei diesem Preis wäre es nicht so schlimm, wenn er uns nicht schmeckte. Neugierig, ob es einen Unterschied zu dem vom Weihnachtsmarkt gibt, bestellten wir uns jeder einen Langos. Während wir darauf warteten, wurde am Nachbartisch Eis serviert. Auf der Karte hatten wir gesehen, dass das Eis sehr günstig war, daher beschlossen wir uns zum Nachtisch ein Eis zu gönnen.

Es dauerte nicht lange, dann kam unser Essen. Es schmeckte ausgezeichnet und war mit dem vom Weihnachtsmarkt in Deutschland nicht vergleichbar. Während wir den Langos, die Sonne und den herrlichen Blick auf den Balaton genossen, lag Balu friedlich unter unserem Tisch und beobachtete, was um ihn herum geschah. Nachdem wir aufgegessen hatten, stellten wir fest, dass wir satt waren und kein Eis mehr rein passte.

Auf dem Weg zum Bad hatten wir vorhin eine frei zugängliche Wiese mit großen Schatten spendenden Bäumen und direktem Zugang zum Balaton gesehen. Vielleicht konnten wir mit Balu bis vor ans Wasser kommen.

Wir verließen das Strandbad durch die Küche und gingen außen am Bad entlang, einem kleinen Bachlauf folgend, zum Wasser. Eine Steinmauer bildete die Abgrenzung zwischen der Grasfläche und der einen halben Meter tiefer liegenden Wasseroberfläche. Im Schatten unter den fast bis ans Wasser reichenden Bäumen standen Holzbänke.

Hier hatten wir einen wunderbaren Blick auf den die Sonnenstrahlen spiegelnden Balaton und das gegenüberliegende Ufer. Während auf dieser Seite des Sees eine überwiegend flache Landschaft vorherrscht, grüßten von der anderen Seite sanft ansteigende bewaldete Hügel herüber. Die Häuser der dort anliegenden Orte zogen sich bis auf halbe Höhe die Anhöhe hinauf. Um uns war eine herrliche Ruhe. Nur vom nahen Bad drangen leise, kaum wahrnehmbar, die Geräusche der dort spielenden Kinder zu uns.

Vor uns stand ein Angler neben seinem alten Fahrrad und zwei halbvoll mit Wasser gefüllte Eimer, sowie ein kleiner Eimer mit Körner. Daneben lag ein langer Stab, welcher bis ins Wasser ragte. Der Mann nahm eine Handvoll Körner und warf sie in Verlängerung des Stabes ins Wasser. Nachdem er ein Weilchen gewartet hatte, ergriff er den Stab und zog ihn an Land. Am anderen Ende des Stabes war ein Netz. Nun erkannte ich, dass er nicht einen Stab, sondern einen Kescher vor sich liegen hatte. Er hatte die Körner direkt über den Kescher geworfen um, kleine Köderfische anzulocken, von denen es hier im Uferbereich nur so wimmelte. Das Netz zappelte, als er es an Land zog und alles glitzerte, als sich das Sonnenlicht auf den Schuppen der kleinen Fischchen spiegelte.

Als er sich den beiden Eimern zudrehte, um die Fische darin zu verstauen, sah er uns auf der Bank sitzen. Er lachte, winkte uns zu und rief etwas in unsere Richtung, was wir für eine Begrüßung hielten. Wir winkten zurück, sagten Hallo und dann erklärte ich ihm, dass wir leider nur deutsch sprechen. Sicherlich hatte er mich genauso wenig verstanden wie wir ihn. Trotzdem kam er zu uns herüber, begrüßte auch Balu indem er ihn freundlich streichelte und erzählte uns etwas auf Ungarisch. Dann zeigte er auf Balu und fragte uns etwas. Aber, da wir ihn nicht verstanden, konnten wir nichts weiter machen, als mit den Schultern zu zucken und freundlich zu lächeln.

Nun drehte er sich zu seinen Eimern, nahm einen kleinen Fisch heraus und warf ihn Balu zu. Dieser beobachtete den zappelnden Fisch erst mal aus sicherer Entfernung. Dann traute er sich vorsichtig näher, schnupperte daran, stupste ihn mit der Schnauze an, beobachtete und schnupperte weiter. Wir waren gespannt, ob er ihn fressen würde. Nichts dergleichen geschah. Nachdem der Fisch aufgehört hatte zu zappeln, schob Balu ihn noch ein paarmal mit seiner Schnauze an und verlor das Interesse. Der Ungar sagte noch etwas zu Balu und schien ihn ermuntern zu wollen den Fisch zu fressen, aber diesem war es wohl zu langweilig geworden. Er legte sich auf die Erde und hörte dem netten Mann zu. Der Ungar warf den Fisch wieder in seinen Eimer und erzählte uns noch etwas, was wir leider wiederum nicht verstanden. Scheinbar hatte er genügend Köderfische erbeutet, denn er verstaute jetzt alles an seinem Fahrrad, verabschiedete sich lächelnd und schob mit seinem Rad davon.

Wir saßen noch ein Weilchen dort, ließen die vergangenen Tage Revue passieren und waren uns einig, dass wir lange nicht mehr so eine angenehme und entspannte Zeit verbracht hatten, wie hier in Ungarn. Viele nette Menschen hatten wir hier kennen gelernt. Die anfänglich befürchteten Sprachprobleme gab es kaum, da viele Leute hier deutsch sprachen. Und selbst das Gespräch mit dem netten Angler, bei dem wir nur ahnen konnten, was er uns erzählte, hatte seinen Charme. Leider war dies unser letzter Tag hier in Ungarn.

Die Entspanntheit der Menschen, die Entspanntheit des Lebens allgemein. Die Fähigkeit der Menschen das Leben zu genießen. Die Genügsamkeit mit wenig auszukommen und an dem Wenigen was sie haben zu erfreuen, war faszinierend. Obwohl wir nur drei Tage hier waren, waren wir tief beeindruckt von dem Land und seinen Bewohnern. All das saugten wir in uns auf und hofften so viel wie möglich davon mit nach Deutschland zu nehmen und uns zu bewahren.

Zurück im Hotel, checkte ich meine Mails und stellte fest, dass der Besitzer des Hauses bei Marcali, welches uns so gut gefallen hatte und wo auch das Umfeld und die Nachbarschaft scheinbar stimmte, eine Mail geschickt hatte. Er wollte wissen, ob wir das Haus kaufen wollen. Dies ging uns doch zu schnell. Erst mal waren wir uns selbst noch nicht sicher ob wir den Schritt überhaupt gehen wollen und bezüglich des Hauses hatten wir auch noch ein paar Fragen. Daher schrieb ich ihm, dass wir zwar sehr interessiert sind, aber etwas Bedenkzeit brauchen und wir melden uns vier Tage später, wenn wir wieder in Deutschland sind. Vier Tage hatte ich extra angegeben, da wir uns nach der Rückreise etwas erholen und in Ruhe nachdenken wollten.

Bereits nach zwei Tagen rief er morgens um halb acht Uhr an und wollte wissen, ob wir das Haus kaufen wollten. Da wir wieder viele Pausen und Zwischenstopps gemacht hatten, waren wir erst am Abend zuvor sehr spät zu Hause angekommen und hatten noch nicht wirklich Zeit zum Überlegen gehabt. Deshalb war ich ziemlich sauer über den frühen Anruf und sagte ihm kurz, dass wir uns bei ihm melden, wenn es soweit ist.

Am Nachmittag bekam ich eine Mail von ihm, dass wir uns schnell entscheiden sollen, da er bereits in der kommenden Woche einen Notartermin zum Unterschreiben des Kaufvertrages machen wollte. Dies sofort zu entscheiden, ging uns zu schnell Ich antwortete ihm, dass er uns erst eine schriftliche, notarielle Bestätigung geben sollte, dass die derzeitige Bewohnerin auch definitiv nach Besitzerwechsel auszieht. Außerdem konnten wir frühestens Mitte August nach Ungarn kommen.

Er antwortete, dass er darauf nicht warten könne und das Haus anderweitig verkaufen werde. Damit war es für uns erledigt. Wir hatten keine Lust, uns nachdem Hauskauf mit der Mieterin rum zu ärgern, weil diese nicht auszieht. Im Internet habe ich noch Monate später gesehen, dass er es immer noch zum Verkauf anbietet.

In Deutschland verteilten wir immer noch für den Verlag Stadtjournal die Wochenjournale. Nach drei Wochen Arbeit, hatten wir immer eine Woche frei. In der zweiten Augustwoche war es soweit und wir hatten wieder unsere freie Woche. Die wollten wir nutzen um Ungarn, seine Bewohner und verschiedene Immobilien besser kennenzulernen. Die Zeit bis dahin nutzten wir um uns im Internet weitere Häuser rauszusuchen.

Da uns das Klima, die Entspanntheit, das ruhige gegenüber Deutschland entschleunigte Leben, die Freundlichkeit und die Gastfreundschaft in Ungarn so gut gefallen haben, hatten wir schon wieder Fernweh.

DIE ZWEITE UNGARNREISE

Diesmal buchten wir ein Hotel in Bonnya. Das Hotel lag sehr ruhig am Waldrand in einem kleinen Sackgassendorf. Für unsere Zwecke zentral im Mittelpunkt von den sechs Häusern, die wir uns ansehen wollten. Wir hatten geplant, dass wir am Sonntag in Bonnya ankamen. Montag wollten wir uns von der Anreise erholen und Dienstag und Mittwoch hatten wir jeweils drei Besichtigungstermine. Dann konnten wir uns am Donnerstag ausruhen und hier umsehen, bevor es am Freitag auf die Rückreise ging.

Nachdem wir in Ungarn das wesentlich ruhigere Leben kennengelernt hatten, kam uns die Hektik auf den Straßen und in den Geschäften Deutschlands noch viel unerträglicher vor. Die Menschen schienen noch mürrischer wie zuvor und der Himmel noch grauer. Ungarn hatte uns in seinen Bann gezogen und wir konnten nicht abwarten, endlich dorthin zurückzufahren.

Zwei Tage vor unserer Abreise, entdeckte ich im Internet noch ein interessantes Haus zu einem für uns bezahlbaren Preis in Balatonmagyarod. Der Ort war zwar ein gutes Stück von Bonnya entfernt, da er bei unserer Anreise auf der Strecke lag, vereinbarte ich einen Termin mit dem Ansprechpartner vor Ort für Sonntagmittag um 13 Uhr. Wir hatten von ihm seine Privatadresse in Zalakomar erhalten und von dort aus wollte er mit uns zu dem zu besichtigenden Anwesen fahren.

Die Fahrt verlief wie immer mit vielen Pausen und Zwischen-stopps, aber ohne größere Staus. Wie bereits bei unserer ersten Reise, hatten wir das Gefühl, dass kaum in Ungarn angekommen, alles viel heller, freundlicher und klarer war. Auf den Straßen war wenig Verkehr und alles kam uns entspannter vor.

Die Strecke war die gleiche wie beim ersten Mal, Richtung Heviz. Von Heviz aus sollte es am Kis-Balaton entlang über Särmellek, vorbei an dem kleinen Flughafen, über Balatonmagyarod nach Zalakomar gehen. Zwischen Savar und Sümeg meldete sich unser Navi mit der Nachricht, dass es eine kürzere Strecke gefunden habe und ob wir diese nutzen möchten. Kurzentschlossen entschieden wir uns für die kürzere Strecke. Im Nachhinein bezweifeln wir, dass der Weg wirklich kürzer war.

Es ging kreuz und quer über schmale Straßen durch die Landschaft und wir bogen mal links und mal rechts ab. Wir hatten das Gefühl, es ginge ziellos durch das Land. Irgendwann sahen wir auf einem Schild, dass es nach Zalaegerzeg nur noch 27 Kilometer sind und wir überlegten wieder umzukehren. Landschaftlich war es eine sehr schöne Strecke. Es ging durch Wälder, über Hügel, Täler und kleine Ortschaften. Es ging nicht annähernd so zügig voran, wie über die eigentliche Strecke direkt zum Balaton. Unser Termin 13 Uhr war nicht einzuhalten. Das Navi zeigte inzwischen eine Ankunftszeit von circa 14 Uhr an. Da wir von unserem Ansprechpartner keine Telefonnummer, sondern nur die Mail-Adresse hatten, schickten wir ihm hierüber eine Nachricht, dass wir etwa eine Stunde später kommen.

Bei unserem Ansprechpartner angekommen, stellte er sich

kurz vor. Er hieß Georg und war Berliner. Wir fuhren hinter ihm her zurück nach Balatonmagyarod. Vor dem Haus, welches wir uns ansehen wollten, parkten wir am Straßenrand. Georg schloss das Hoftor auf und von hier aus ging es auf den grasbewachsenen Hof. Links stand das Haus mit anschließendem Nebengebäude. Hinten auf dem Grundstück waren noch ein paar Bäume und Sträucher. Es war dem Anwesen anzusehen, dass es einige Zeit nicht mehr gepflegt wurde.

Als wir das Haus betraten, standen wir direkt in der Küche. Von hier aus ging es links ins Schlafzimmer und rechts ins Wohnzimmer. Vom Wohnzimmer aus kamen wir ins Bad. Es waren alles Durchgangszimmer ohne Flur. Im gesamten Haus war erheblicher Renovierungsstau, wobei die Renovierung nicht das Problem gewesen wäre, aber die Räumlichkeiten gefielen uns absolut nicht. In den Anbau konnten wir nicht sehen, da kein Schlüssel vorhanden war. Da uns das Haus nicht zusagte, war das egal.

Georg erzählte uns, dass er das Haus für ein österreichisches Ehepaar zeigte, damit diese nicht für jede Besichtigung extra anreisen musste. Er selbst lebt seit etwa 20 Jahren in Ungarn, kauft regelmäßig Häuser an, renoviert sie und verkauft sie dann weiter. Zurzeit hatte er zwei Objekte in Zalakomar zum Verkauf. Beide vor kurzem renoviert, aber auch etwas teurer. Kurzerhand entschlossen wir uns die beiden Häuser anzusehen.

HAUS EINS IN ZALAKOMAR

Das erste Haus, welches er uns zeigte, war in derselben Straße wie seins und nur etwa 300 Meter davon entfernt. Das Grundstück war eingezäunt und mit zwei Einfahrten versehen. Das Haus war circa zehn Meter zurückversetzt. Zwischen Zaun und Gebäude standen zwei große Birken und dazwischen ein Blumenbeet. Rechts neben dem Haus war ein alter Schuppen, welcher als Garage genutzt wurde. Von der Einfahrt aus gingen an der rechten Grundstücksgrenze zwei Fahrspuren zur Garage. Zwischen Garage und Haus war ein kleiner Durchgang in den hinteren Teil des Gartens. Von der linken Einfahrt konnten wir an der Hausseite vorbei und bei Bedarf bis zum Grundstücksende durchfahren.

Der Hauseingang lag auf der Rückseite des Hauses und war über die erhöhte Terrasse erreichbar. Die Terrasse war zwei Meter in der Tiefe und vier Meter breit. Sie war komplett überdacht und über drei Stufen zu erreichen. Beim Betreten stellte ich fest, dass die nichts für große Leute ist. Ich musste den Kopf einziehen, um ihn mir nicht an der tief heruntergezogenen Überdachung zu stoßen.

Durch die Haustür betraten wir einen großen Windfang, welcher als Esszimmer genutzt wurde. Links vom Eingang ging es in einen kleinen Abstellraum, welcher noch nicht renoviert war. An der rechten Seite des Windfangs befand sich die Essecke, welche sich aus einer Bank an der rechten Wand, einem Tisch und zwei Stühlen zusammenstellte. Links neben der Bank ging es ins Bad. Hierin war an der Rückwand die Badewanne und darüber hing der Warmwasserboiler.

In der rechten Wand war ein Fenster und rechts, an der Wand zum Windfang, waren die Toilette und ein Waschbecken. Insgesamt machte das Bad einen guten Eindruck.

Von der Eingangstür geradeaus durch den Windfang, kamen wir durch einen großen offenen Rundbogen direkt in die Küche. Der Rundbogen war mit Bruchsteinen ausgemauert und sah toll aus. In der Küche an der linken Wand befand sich eine Tür, durch die es ins Schlafzimmer ging. Das Zimmer war geräumig und an der linken Seite stand der Kleiderschrank. An der Rückwand war ein Doppelbett und an der rechten Außenwand war ein großes Doppelflügelfenster. Rechts neben der Eingangstür stand ein großer Kachelofen. Dieser war durchgehend zwischen Küche und Schlafzimmer und wurde von der Küche aus beheizt.

In der Küche war neben der Schlafzimmertür die Vorderseite des Kachelofens mit der Klappe für die Befeuerung. Gegenüber des Rundbogens war ein großes doppelflügeliges Fenster. Darunter bestand die Möglichkeit einen Gaskonvektor anzuschließen. An der rechten Wand stand eine nach links an die Außenwand ausgerichtete ältere Küchenzeile mit Spüle, ohne Herd und Kühlschrank. Rechts davon war die Tür zum Wohnzimmer. Es war komplett möbliert. Links an der Wand, an der Rückwand zur Küche, stand eine Schrankwand mit kleinem Fernseher. An der Außenwand war ein großes Doppelfenster. Darunter stand als Heizung ein Gaskonvektor. An der Wand gegenüber der Tür war ein Dreiersofa und oben links in der Ecke war eine Klimaanlage angebracht. Ein kleiner Glastisch stand vor dem Sofa und daneben ein Sessel.

Wieder draußen angekommen, sahen wir uns den Rest des Geländes an. Das Grundstück war 30 Meter, also etwa bis zur Hälfte eingezäunt. Auf dem hinteren, nicht eingezäunten Abschnitt, war ein kleiner Teil bis vor kurzem als Gemüsegarten genutzt worden. Der Rest davon war Brachland. Im vorderen Teil war der Zaun auf der linken Seite durch einen Brunnen geteilt. Dieser Brunnen war mitten auf der Grenze und wurde vom Nachbarn mitgenutzt. In der Mitte des Grundstücks stand ein großer Schatten spendender Walnussbaum. Im Hintergrund befanden noch ein paar kleinere Obstbäume und zum rechten Nachbarn stand ein alter Schuppen. Dieser machte keinen soliden Eindruck mehr. Georg erzählte uns, dass die Nebengebäude meist abgerissen werden. Er lässt sie stehen, denn die meisten Käufer sind froh, wenn Sie noch Lagerfläche haben. Einige schaffen sich sogar Hühner an. Und wer die Nebengebäude nicht braucht, kann sie immer noch selbst abreißen. Haus und Grundstück gefielen uns sofort, aber wir wollten uns das andere Objekt auch noch ansehen.

HAUS ZWEI IN ZALAKOMAR

Das zweite Haus war auf der Parallelstraße, stand direkt auf der Grundstücksgrenze und wurde von der Straße durch einen Graben getrennt. Zwischen Gebäude und Graben war ein zwei Meter breiter Grasstreifen, auf welchem zwei kleine erst vor kurzem gepflanzte Bäumchen standen. Würde, wie auf der gegenüberliegenden Straßenseite, ein Fußweg direkt am Haus lang führen, hätten wir uns den Rest nicht angesehen. Wir wollten nicht ständig Leute vor den Fenstern rum laufen haben. Im Gras waren keine Spuren zu sehen, also ging hier niemand am Gebäude vorbei und wir beschlossen uns alles anzusehen.

Ein zweiflügeliges ungefähr 1,80 Meter hohes, oben mit kleinen Bögen und schön verziertes, schwarzes Stahltor schmiegte sich an das dezent ockergelbe Haus. Die beiden Flügel setzten sich aus einem schmalen Tor für Fußgänger und einem größeren für Autos zusammen. Von der Straße aus ging es über eine kleine grasbewachsene drei Meter breite Bücke, die über den Graben führte, zum Tor.

Das rechte Nachbarhaus stand, wie es hier üblich ist, direkt auf der Grundstücksgrenze. Wir gingen die Einfahrt hoch und sahen, dass das Haus welches wir uns ansehen wollten, vorne an der Straße breiter war und nach vier Meter, also am Ende des ersten Zimmers, um circa 1,5 Meter zurück-versetzt weiter führte. Nach weiteren drei Meter kam eine etwa 1,5 mal fünf Meter lange überdachte Terrasse. Wenn man die Terrasse betrat, befand sich links eine doppel-flügelige Balkontür. Geradeaus war die Haustür und rechts war der Bereich, welchen man als Sitzecke nutzen kann.

Dieser war zur Einfahrt durch einen ein Meter hohen verzierten Metallzaun abgetrennt.

Durch die Haustür betraten wir einen Flur. Gegenüber befand sich ein Abstellraum von 1,80 mal drei Meter. Hierin waren ein Regal und der Aufgang zum Dachboden. Von der Haustür aus rechts ging es in die Küche. Rechts hinter der Küchentür an der Außenwand befand sich ein Doppelflügelfenster. Geradeaus stand rechts an der Wand ein Tisch und an der hinteren Wand eine kleine Bank. Vor dem Tisch standen noch zwei Stühle. An der linken Wand befand sich eine Einbauküche mit Herd und Spüle. Links neben der Küchentür ging es in eine Nische. Hier befand sich ein Gaskonvektor und in der Ecke stand der Kühlschrank. Von der Nische aus ging es ins Bad.

Links neben der Tür war ein Waschbecken mit Unterschrank. Daneben eine Badewanne und über dem Fußteil der Wanne hing ein 120 Liter Elektrowasserboiler an der Wand. Gegenüber der Eingangstür waren die Toilette und darüber ein Fenster. Es war ein kleines, vollkommen ausreichendes Bad.

Wir gingen zurück durch den Flur. Rechts kamen erst die Tür zum erwähnten Abstellraum und danach der Eingang zum Gästezimmer. Hier stand an der rechten Wand ein alter Kleiderschrank. Gegenüber der Eingangstür befand sich eine dreisitzige Couch unter einem Doppelflügelfenster. An der linken Wand war die Rückseite eines Kachelofens, mit welchem das Zimmer beheizt wurde.

Am Ende des Flurs ging es ins Wohnzimmer. Dort stand an der linken Wand ein Schrank. Gegenüber, an der Außenwand war ein großes dreiflügeliges Fenster, unter welchem ein Sessel stand. An der rechten Wand befand sich über einem dreisitzigen Sofa eine Klimaanlage. Vor dem Sofa standen ein Glastisch und ein weiterer Sessel. Rechts neben der Tür ragte die Vorderseite des großen Kachelofens 20 Zentimeter ins Zimmer. Beheizt wurde der Ofen vom Flur aus.

Gegenüber der Gästezimmertür befanden sich zwei große offene Durchgänge. Diese wurden durch einen circa 60 Zentimeter breiten Pfeiler getrennt. Dahinter war ein Wintergarten von zwei mal vier Meter Größe. An der gegenüber liegenden Außenwand waren zwei große Fenster. Damit waren fast die gesamten vier Meter verglast. Links befand sich eine verglaste doppelflügelige Balkontür. Der Verkäufer hatte diese geöffnet. Dadurch ging der Wintergarten direkt auf die große überdachte Terrasse über. Alles war lichtdurchflutet und wir fühlten uns gleich sehr wohl und heimelig.

Vom Wintergarten aus ging es, wenn wir diesen vom Wohnzimmer aus betraten, rechts ins Schlafzimmer. Es war mit Schrank, Doppelbett, Matratzen und Nachttischchen komplett ausgestattet. Geheizt wurde mit einem Gaskonvektor. Genau wie das Wohnzimmer hatte es ein großes dreiflügeliges Fenster. Alle Fenster im Haus waren mit Rollläden ausgestattet.

Auf der rechten Grundstücksseite, gegenüber der Terrasse, getrennt durch die Durchfahrt, befand sich ein Brunnen. Zwischen Brunnen und Eingangstor, an der Hauswand zum Nachbarn, waren eine große Konifere, zwei rot blühende Hortensien, ein Rosenstock, sowie mehrere kleine Stauden. Links neben dem Brunnen standen ein vier Meter hoher

Lebensbaum und eine weitere Rose. Die Rosenstöcke waren lange nicht geschnitten worden und die Zweige hingen weit in die Einfahrt. Auf ein kleines freies Plätzchen folgten ein Flieder und eine Konifere. Im Anschluss kam ein Rasenstück. Dahinter stand ein großer Holunderbusch dessen ausragende Äste versteckten ein altes Plumpsklo. Von der Tür war nur noch der Rahmen vorhanden. Die Wände, das Dach und die Sitzfläche innen waren gut erhalten. Daran schloss sich eine etwa zwanzig Meter lange Rasenfläche bis zum Zaun an.

Vom Eingangstor bis zum Zaun war das Grundstück achtzig Meter lang, fünfzehn Meter breit und komplett durch Gebäude oder Zaun abgegrenzt. Außerhalb der Umzäunung verlängerte sich das Grundstück noch mal um hundert Meter und konnte durch ein Tor betreten werden. Im Außenbereich stand links direkt hinter dem Zaun ein riesiger schattenspendender Walnussbaum. Darunter befand sich eine einfache Holzbank, welche zum Verweilen einlud. Der Rest der Außenanlage war seit Längerem nicht mehr bewirtschaftet oder gepflegt worden und war dementsprechend verwildert. Der Verkäufer erklärte uns, dass wir diesen Teil, falls wir ihn nicht nutzen möchten, an einen örtlichen Bauern verpachten könnten.

Im Innenbereich, mit Blick zurück auf das Haus, standen rechts zwei Birnbäume und ein Kirschbaum. Auf Höhe des Plumpsklos waren auf der rechten Seite zwei alte Ställe und ein offener, an drei Seiten ummauerter und überdachter Raum. Dieser konnte als Carport genutzt werden. Der rechte Stall hatte ein großes doppelflügeliges Metalltor und wurde zuletzt als Werkstatt benutzt. Mitten im Raum war eine Grube, sodass von unten an den Autos geschraubt werden konnte.

Den linken Stall betraten wir durch eine doppelflügelige Holztür. Dieser Teil ließe sich als Lager nutzen. Hierin befand sich auch ein doppelflügeliges Fenster.

An die beiden Ställe schlossen sich Richtung Haus, etwas zurückversetzt, zwei Schweineställe und ein Hühnerstall. Zwischen Hühnerstall und Haus war eine circa vier Meter lange Rasenfläche. Die Nebengebäude waren in einem guten Zustand. Lediglich ein paar Ausbesserungsarbeiten am Vordach und ein paar Putzarbeiten mussten ins Auge gefasst werden. Während wir uns alles angesehen hatten erkundete Balu das Grundstück und es schien ihm zu gefallen, denn er hatte genügend Platz um herumzutollen.

Jetzt hatten wir beide Häuser gesehen. Beide waren erst vor kurzem renoviert und in einem guten Zustand. Beide waren möbliert, hatten eine neue Klimaanlage und beide hatten uns sehr gefallen. Jetzt war zu überlegen, was machen wir. Sehen wir uns noch weitere Häuser an, oder entscheiden wir uns für eins von den beiden. Und wenn, für welches. Die wichtigste Frage war auch noch nicht geklärt, gehen wir den Schritt wirklich und siedeln nach Ungarn über.

So schnell konnten wir das nicht entscheiden. Außerdem waren wir durch die lange Anreise erschöpft und hatten noch ungefähr eine Stunde bis zum Hotel zu fahren. Wir sagten dem Verkäufer, dass wir Interesse hatten, uns das aber erst mal in Ruhe überlegen und in den nächsten Tagen bei ihm melden. Er erklärte uns, dass er drei Tage verreist und erst ab Donnerstag wieder vor Ort ist.

BONNYA

Über Kapusvar und Igal fuhren wir nach Bonnya ins Hotel. Die Landschaft um Bonnya war leicht hügelig und bewaldet. Um ins Hotel zu kommen, mussten wir den Ort durchfahren. Das Hotel lag etwas außerhalb und direkt am Waldrand. Es bestand aus dem Haupthaus, zwei Nebenhäuser und es handelte sich um ehemalige Bauernhöfe, welche liebevoll ausgebaut wurden. Wir stellten unser Auto auf dem Parkplatz ab und über eine Treppe und einen großen Platz mit Tischen und Bänken gingen wir zum Haupthaus hinunter. Hier befanden sich im Erdgeschoss die Rezeption und das Restaurant. Im Obergeschoss waren ein paar Gästezimmer. Der überwiegende Teil der Zimmer war in den beiden anderen Gebäuden. Über dem Restaurant waren keine Räumlichkeiten, denn es war bis unters Dach offen.

An der Rezeption empfing uns eine nette Dame, die gut deutsch sprach. Sie erklärte uns alles und brachte uns zu unserem Zimmer, welches sich im hinteren der beiden anderen Häuser befand. Das Haus war etwa 200 Meter vom Haupthaus entfernt und lag wunderschön im Schatten der umstehenden Bäume. Unser Zimmer war gemütlich eingerichtet und verfügte über ein Bad mit Dusche und WC.

Nachdem wir unsere Unterkunft besichtigt hatten, holte ich das Auto und stellte es auf einen Parkplatz direkt vor dem Haus. Unsere Waschsachen nahm ich mit aufs Zimmer, damit wir uns frisch machen konnten. Die restlichen Sachen ließ ich im Auto. Da wir mittlerweile eine lange Fahrt hinter uns und drei Häuser besichtigt hatten, legten wir uns gleich hin, um uns erst mal zu erholen. Es dauerte nicht lange, da waren wir eingeschlafen.

Nachdem wir aufwachten, machten wir uns nochmal kurz frisch. Während ich anschließend Balu an die Leine nahm und mit ihm einen Spaziergang machte, packte meine Frau die Koffer aus. Balu und ich gingen vom Haus zurück auf die Straße. Wir spazierten nach rechts den Weg entlang und entfernten uns vom Ort. Auf der linken Seite war der Wald und zur Rechten standen ein paar Pferde auf einer Wiese. Nach wenigen Metern kamen eine Scheune mit Heu und Stroh, sowie ein Pferdestall. Wie wir später erfuhren, gehörte das noch zum Hotel. Am Ende der Pferdewiese ging es direkt in den Wald über.

Ein ganzes Stück im Gehölz drin hörten wir lautes Gekläffe, dann sahen wir links ein Haus. Die Fenster waren kaputt, das Dach hing total durch und es fehlten ein paar Ziegel. Von der Außenwand bröckelte an vielen Stellen der Lehm ab und an manchen Ecken waren schon tiefer Löcher herausgefressen. Vor dem Gebäude zerrte ein großer Hund an einer Kette und bellte aus Leibeskräften. Eine alte Zigeunerin saß auf einem Holzstück vor ihrem Bau, schaute misstrauisch zu uns herüber und verschwand dann im Haus. Das Anwesen hatte keinen vertrauenerweckenden Eindruck auf mich gemacht und ich hätte nicht gedacht, dass dort jemand drin wohnen kann. Mir kam das Geisterhaus in den Sinn, welches wir als Erstes besichtigt hatten.

Balu und ich spazierten noch ein ganzes Stück weiter, bis der Weg einen Bogen nach rechts machte. Hier drehten wir um und gingen dieselbe Strecke zurück. Als wir wieder an dem Haus vorbeikamen, war die Zigeunerin nicht zu sehen, aber der Hund kläffte noch und zerrte wild an seiner Kette. Wie wir im Laufe der Zeit erfuhren, halten viele Ungarn ihre Kläffer an der Leine. Dies ist hier verboten, aber viele Menschen halten sich nicht daran.

Als wir zurück im Hotel waren, hatte Carmen die Koffer ausgepackt. Da es nach 18 Uhr war und der Hunger sich bei uns bemerkbar machte, gingen wir direkt rüber zum Restaurant im Haupthaus. Wir setzten uns an einen Tisch auf der großen Terrasse vor dem Gebäude. Balu legte sich unter die Bank und beobachtete, was um ihn herum geschah. Es dauerte nicht lange, bis die Bedienung kam und uns die Speisekarten, welche in Ungarisch und Deutsch waren, brachte. Leider sprach der Kellner nur Ungarisch und englisch. Mit dem bisschen Schulenglisch, was nach den vielen Jahren bei mir hängen geblieben war, konnten wir uns verständigen. Nachdem wir bestellt hatten, wurden riesige, superleckere Portionen aufgetischt.

Nachdem Essen blieben wir sitzen und redeten über die beiden Objekte, welche wir am Tag besichtigt hatten. Da wir uns am kommenden Tag von der Reise erholen und keine Häuser ansehen wollten, beschlossen wir noch einmal nach Zalakomar zu fahren und uns das Dorf genauer anzusehen. Wenn uns der Ort gefiel, wollten wir die weiteren Besichtigungen absagen.

Am nächsten Morgen nahm ich Balu an die Leine und wir machten uns auf den Weg zu einem ausgiebigen Spaziergang. Nach der langen und anstrengenden Anreise würde uns die Bewegung gut tun. Wir nahmen denselben Weg wie gestern. In Höhe der Pferdekoppel kamen uns zwei alte Zigeunerinnen entgegen. Ihre Kleider waren alt, abgetragen und verwaschen, aber trotzdem sauber. In ihren Gesichtern konnte ich ihr entbehrungsreiches Leben lesen. Skeptisch, fast ängstlich sahen sie zu uns herüber und grüßten freundlich, als sie auf gleicher Höhe mit uns waren. Dann setzten sie leise plaudernd ihren Weg fort hinunter ins Dorf.

Nach kurzer Zeit kamen wir wieder an dem alten halbverfallenen Haus vorbei. Der Hund begrüßte uns mit lautem Kläffen und wildem Zerren an der Kette. Balu nahm ich, nachdem wir weit genug von dem Haus entfernt waren, von der Leine. Er lief von einer Straßenseite zur anderen, schnüffelte überall ausgiebig und ich merkte ihm die Freude über seine Freiheit an.

Es war ein wunderbarer Sommermorgen. Strahlendblauer Himmel, angenehme 23 Grad und es herrschte dieses besondere Mikroklima des Waldes. Saubere, frische Luft und eine Stille, die bei genauerem Hinhören keine Stille war. Ein sanfter Windzug ließ die Blätter leise rauschen. Bienen summten und im Hintergrund zwitscherten die Vögel. Der Duft der Wildblumen, der verschiedenen Pflanzen und Bäume lag über allem.

Es ging stetig leicht bergauf und wir wanderten ein ganzes Stück weiter wie am Vorabend. Schließlich kamen wir auf eine Lichtung. Diese war nicht sehr groß und am anderen Ende standen drei Häuser. Sie waren in einem jämmerlichen Zustand und schienen unbewohnbar zu sein. Dann sah ich neben dem mittleren Haus eine Frau, die in einem Bottich Wäsche wusch. Mir ging durch den Kopf, wie ärmlich diese Leute leben und wie gut wir es hatten. Vielleicht fühlten sich diese Menschen ohne den Luxus und Schnickschnack nicht so schlecht, denn Sie waren nicht dem Stress und der Hektik ausgesetzt.

Schließlich meldete sich mein Bauch mit einem lauten Brummen und erinnerte mich daran, dass es Zeit wurde zu frühstücken. Balu hatte unterwegs zwar immer wieder ein Stück Leckerli bekommen, doch auch er hatte bestimmt Hunger.

Auf dem Rückweg, gerade als wir ins Hotel gingen, sah ich die beiden Zigeunerinnen von vorhin die Straße heraufkommen. Sie hatten einen Einkaufsbeutel in der Hand und hatten sicherlich in dem kleinen Dorfladen, den wir am Vortag bei der Anreise gesehen hatten, das nötigste für den Tag gekauft.

Zurück in unserem Zimmer wartete Carmen schon auf uns. Balu sein Futternapf stand bereit und er konnte in Ruhe fressen, während wir zum Frühstück gingen.

Im Restaurant war schon Betrieb. Links neben dem Eingang war die Theke. Hier standen jetzt mehrere Kaffeeautomaten, ein Heißwasserautomat für Tee und verschiedene Säfte. Gegenüber des Eingangs waren Tische mit Wurst- und Schinkenplatten. Daneben lachten uns die verschiedenen Käsespezialitäten an und daran schlossen sich Platten mit Tomaten, Paprika, Gurken, Melonen, Bananen und weitere Obstsorten an. Mit unseren vollen Tellern beladen suchten wir uns ein ruhiges Plätzchen.

RENDÖRSEG UND ZUM ZWEITEN MAL IN ZALAKOMAR

Frisch gestärkt holten wir Balu vom Zimmer ab und machten uns auf den Weg zurück nach Zalakomar. Wir fuhren über Igal nach Kapusvar und dann Richtung Nagykanizsa, in Vese mussten wir rechts abbiegen nach Nemesvid und Zalakomar. Unterwegs sahen wir in einem Ort schon von weitem ein Polizeifahrzeug an der Seite stehen. Die werden doch nicht geblitzt haben, schoss es mir durch den Kopf. Aber ich hatte mich an die Geschwindigkeit gehalten, also war nichts zu befürchten.

Als wir näher kamen, trat ein Polizist auf die Straße und winkte uns mit seiner Kelle an die Seite. Da standen wir hinter dem Fahrzeug mit der Aufschrift Rendörseg. Was hatten wir falsch gemacht? Ich war mir keiner Schuld bewusst. Das Herz rutschte mir in die Hose, weil ich nicht wusste, wie ich mich mit ihnen verständigen soll.

Ein Polizist löste sich von dem Polizeifahrzeug und stellte sich vor unser Auto. Der andere Polizist, welcher uns rein gewunken hatte, kam neben meine Tür und machte das Zeichen für Scheibe runterkurbeln. Aufgeregt ließ ich die Scheibe runter und murmelte jo napod, also guten Tag auf Ungarisch. Es war ein noch recht junger Polizist. Er grüßte zurück und verlangte die Fahrzeugpapiere. Gott sei Dank, er sprach deutsch. Zumindest etwas deutsch und damit wich ein wenig die Angst vor den Verständigungsproblemen.

Nachdem er sich die Papiere angesehen hatte, machte er

noch eine Runde um unser Auto und kam zu mir ans offene Fenster. Er gab mir die Papiere zurück und erklärte mir in gebrochenem Deutsch, das hier in Ungarn am hellen Tag die Beleuchtung am Fahrzeug angeschaltet sein muss und er diesmal auf ein Bußgeld verzichtet. Nachdem ich das Licht eingeschaltet hatte, wünschte er uns noch gute Fahrt und wir konnten weiter fahren.

Erleichtert setzten wir unseren Weg fort und waren froh, dass der Polizist etwas deutsch sprach und sehr nett war. Ich ärgerte mich über mich selbst, denn ich wusste ja, dass hier am Tag das Licht angeschaltet werden muss.

In Zalakomar angekommen, stellten wir unser Auto vor das Haus, welches wir uns zuerst angesehen hatten und begutachteten von außen nochmal Gebäude und Grundstück. Das gepflegte Anwesen mit den beiden Birken und dem Blumenbeet vor dem Haus gefiel uns sehr gut. Von der gestrigen Besichtigung und den Bildern, welche wir gemacht hatten, konnten wir uns noch gut an den Eingangsbereich des Hauses mit dem Rundbogenübergang in die Küche erinnern. Wir hatten, vorausgesetzt dass wir den Schritt nach Ungarn gehen, dieses Haus schon ein wenig favorisiert.

Heute war uns erst mal wichtig, den Ort kennenzulernen. Bei der Anfahrt hatten wir gesehen, dass das Dorf sich lang hinzieht und durch die Bundesstraße, welche von der kroatischen Grenze nach Budapest führt, in zwei Teile geteilt war. Da wir von Vese und Nemesvid angereist waren, kamen wir am Bahnhof, am Sportplatz mit angrenzendem Kinderspielplatz, sowie an einer Tankstelle und am Rathaus vorbei.

Die beiden Häuser für die wir uns interessierten, lagen auf der anderen Seite der Bundesstraße. Unser Auto ließen wir vor dem Grundstück stehen und gingen mit Balu an der Leine uns diese Seite des Ortes anzusehen. Nach circa 300 Meter machte die Hauptstraße einen Bogen nach links. Hier wechselten wir die Straßenseite, um direkt an einer großen Kirche vorbeizukommen. Das Gotteshaus stand etwas zurückversetzt von einer Grasfläche umgeben.

Nach weiteren 200 Meter kamen wir an eine Kreuzung. Links ging es zu dem anderen Haus welches wir uns am Vortag in Zalakomar angesehen hatten und rechts nach Balaton-magyarod. Am Vortag hatten wir im Vorbeifahren gesehen, das rechts rum irgendetwas war, nach der anstrengenden Fahrt hatten wir nicht mehr genau wahrgenommen, was es war. Wir machten uns auf den Weg nachzusehen, was der Ort dort zu bieten hat. Wir brauchten nicht weit laufen, da sahen wir auf der gegenüberliegenden Seite ein kleines Eiscafé. Ein paar Meter weiter war auf unserer Seite die Post und dann kam ein chinesisches Geschäft mit Wäsche und Haushaltswaren.

Während Carmen in dem Laden stöberte, wartete ich mit Balu draußen. Zwei junge Mädchen kamen auf dem Bürger-steig näher. Die Jüngere der beiden saß im Rollstuhl und als sie an mir vorbei gingen, grüßten sie freundlich. Vom Aus-sehen hielt ich sie für Zigeunerinnen. Anschließend kam ein kleiner Junge, ich schätzte ihn auf höchstens 5 Jahre. Auch er grüßte freundlich. Ich war freudig überrascht, dass die Kinder hier so nett waren, von Deutschland kannte ich das überhaupt nicht.

Nachdem meine Frau das Geschäft verlassen hatte, setzten wir unseren Weg fort. Ein Stück weiter gabelte sich die Straße. Das heißt, von Balatonmagyarod kommend ging rechts ein Weg im 45 Grad Winkel ab. Die Spitze dieses Winkels war ein freier Platz mit einem Denkmal drauf. Nach dem Ehrenmal ging ein Fußweg von unserer Straße hinüber zu der Parallelstraße. An diesem Weg befand sich eine Pizzeria. Kurz überlegten wir hier eine Pizza zu essen. Da wir lieber die ungarische Küche kennenlernen wollen, entschlossen wir uns lieber am Abend im Hotel eine Landestypische Speise zu genießen. In die Pizzeria gingen wir trotzdem, denn zum einen waren wir neugierig und zum anderen hatten wir Durst bekommen. Beim näher kommen sahen wir, dass direkt neben der Pizzeria ein kleiner Schreibwarenladen war. Draußen vor dem Restaurant standen unter großen Sonnenschirmen vier Tische und ein paar Leute saßen da und aßen ihre Pizzen.

Innen war rechts neben der Tür die Theke, welche über Eck auf der gegenüberliegenden Seite weiterführte. Der Innenraum war L-förmig und der Eingangsbereich und der Ausschank waren die schmale Flanke. Links neben der Tür standen zwei Tische und auf der langen Seite des L, an der Theke vorbei, befanden sich weitere drei Tische. Am Ende der Reihe hing ein Fernseher an der Wand.

Von der Theke aus konnten wir zusehen, wie die Pizzen belegt wurden und dann in den Pizzaofen, der an der gegenüberliegenden Mauer eingelassen war, geschoben. Wir bestellten zwei Cola bei der Wirtin und tranken diese draußen am Tisch.

Auf dem Rückweg kamen wir gegenüber der Kirche an einem kleinen Einkaufsladen vorbei. Da es bis zum Abendessen noch lang dauerte, entschlossen wir uns, hier eine Kleinigkeit zu Essen zu holen. Das Geschäft war zwar nicht groß, trotzdem konnten wir hier alles für den täglichen Bedarf einkaufen.

EINE ABKÜRZUNG

Nachdem wir uns gestärkt und bei dem anderen Haus nochmal umgesehen hatten, ging es zurück zum Hotel. Auf der Landkarte hatte ich gesehen, dass wir nicht unbedingt über Vese, Kaposvar und Igal nach Bonnya fahren mussten, sondern dass es einen kürzeren Weg gibt. Dieser führt über Marcali, quer rüber nach Mernye und dann weiter über Igal nach Bonnya. Zwischen Alsobogat und Somogygeszti war zwar nur ein ganz schmaler Strich eingezeichnet, aber immerhin musste dort eine Straße lang führen.

Da wir schnell zurück wollten um uns auszuruhen, entschlossen wir uns für den kürzeren Weg. Bis Alsobogat ging es gut voran. Dann führte uns das Navi auf einen schmalen, geteerten Feldweg. Einen Moment überlegten wir umzudrehen und von hier aus hoch nach Kaposvar zu fahren, aber da in der Landkarte ein dünner Strich eingezeichnet war, nahmen wir an das die Straße bis Somogygeszti so bleibt. Laut Navi waren es nur 3,5 Kilometer.

Nach circa 500 Meter führte uns die Straße in einen Wald und nach weiteren 200 Meter war die Straße nicht mehr geteert. Sie ging in einen einfachen Waldweg über mit ausgefahrenen Spuren. Noch ließ es sich neben den Spuren einigermaßen fahren. An manchen Stellen waren sie so tief ausgefahren, dass wir aufpassen mussten nicht hineinzurutschen. Wäre das passiert, wären wir unweigerlich stecken geblieben. Rückwärts wieder raus fahren, war zu gefährlich. Daher beschloss ich bei der nächsten Gelegenheit zu drehen.

Je weiter wir fuhren umso dichter und dunkler wurde der Wald. Die Bäume standen bis dicht an den Weg und es war aussichtslos, das Auto zu wenden. Hier, wo die Sonne keine Chance hatte den Boden zu erreichen, war der Weg matschiger wie zuvor und damit stieg die Gefahr in die Spuren zu rutschen.

An manchen Stellen hatten die Traktoren den Boden so aufgewühlt, dass ich erst mal ausstieg und mir genau ansah, wo ich fahren konnte.

Obwohl die Temperaturen hier im schattigen Wald angenehm waren, floss mir der Schweiß in Strömen herunter. Wir kamen nur im Schritttempo vorwärts und ich musste oft aussteigen um zu sehen wo, beziehungsweise ob ich überhaupt weiter fahren konnte. Das Vorankommen war mühselig und anstrengend. Bis zum nächsten Ort schienen die Meter auf dem Navi nicht weniger zu werden.

Die Anstrengung und die Angst stecken zu bleiben, war so groß, dass ich mich zusammenreißen musste nicht anzufangen zu weinen. Wenn hier wirklich nichts mehr vor und zurück ging, wen konnten wir anrufen, wie sollten wir uns verständigen und wie würde man uns hier raus holen.

Mir schien, der Wald war sauer auf uns, weil wir seine Ruhe gestört hatten. Der Weg wurde immer schlimmer und die Äste hingen jetzt bedrohlich weit herunter. Es sah aus, als wollten sie vor uns alles dicht machen und uns am Weiterfahren hindern. Meine Nerven waren bis zum Bersten angespannt. Aufgrund meiner Erkrankung war ich körperlich und nervlich am Limit. Es nutzte alles nichts, wir mussten weiter fahren. Obwohl mein ganzer Körper vor Anspannung schmerzte und mein Kopf gleich zu platzen drohte, nahm ich meine letzten Kräfte zusammen. Ich musste das Auto und uns irgendwie hier raus bekommen. Im Nachhinein wundert es mich, dass ich das überhaupt geschafft habe.

Nach einer gefühlten Ewigkeit wuchsen die Bäume nicht mehr ganz so nah an den Weg heran. Der Boden wurde steiniger und damit fester und die Fahrspuren waren nicht mehr so tief ausgefahren. Jetzt konnte ich langsam und vorsichtig in der Fahrrinne fahren. Hier und da lagen ein paar größere Steine die ich umfahren musste, aber es ging voran.

Das Navi zeigte jetzt wenige Meter links von uns Häuser an. Bis zum nächsten Abzweig waren es noch 300 Meter dann ging es links in den Ort und dort war hoffentlich eine ausgebaute Straße.

Im Dorf angekommen, überlegten wir kurz eine Pause zu machen, um neue Kräfte zu sammeln. Aber mir war klar, wenn ich jetzt eine Ruhezeit einlegte, käme ich nicht mehr in Gang. Da es bis Bonnya nur noch 15 Minuten waren, setzten wir den Weg fort.

Im Hotel angekommen nahm meine Frau Balu an die Leine und ging mit ihm noch ein paar Meter. Währenddessen ging ich aufs Zimmer. Ich war so fertig, dass ich mich aufs Bett fallen ließ und sofort einschlief.

ZWEI TAGE ERHOLUNG

Nachdem wir ein paar Stunden später ausgeruht waren, sagte ich die Hausbesichtigungen für die nächsten beiden Tage ab. Wir mussten uns unbedingt erholen, bevor wir am Donnerstag die Rückreise antraten. Außerdem hatten wir uns entschieden, uns auf die beiden Objekte in Zalakomar zu konzentrieren. Die Häuser waren frisch renoviert und möbliert, so dass wir sofort einziehen können. Das, was wir bisher vom Dorf gesehen hatten, hatte uns gut gefallen. Wie in den meisten ungarischen Orten gab es auch hier einige marode Häuser. Ohne weite Wege zu machen, war alles vorhanden, was wir zum Leben brauchten. Da wir auf dem Rückweg am Donnerstag durch Zalakomar kamen, verabredeten wir uns mit Georg um weitere Einzelheiten zu besprechen.

Erst mal werden wir die zwei Tage in Bonnya ausgiebig entspannen. Am nächsten Morgen saßen wir beim Frühstück wieder draußen auf der Terrasse und Balu lag ganz entspannt unter meinem Stuhl. Am Nachbartisch saß eine Familie mit einem etwa sechsjährigen Jungen. Wie Kinder sind, hielt es ihn nicht lange am Tisch bei seinen Eltern. Er rannte plötzlich hinter uns lang. Balu hatte sich erschrocken und sprang laut kläffend auf den Jungen zu. Da er an der Leine war, konnte er nicht bis zu dem Kerlchen kommen. Dieser hatte sich scheinbar ebenfalls erschrocken. Er fing an zu weinen und lief schnell zu seinen Eltern zurück.

Ich ging sofort hinüber, um mich zu erkundigen, ob dem Jungen etwas passiert sei. Glücklicherweise sprachen sie etwas deutsch und sie sagten gleich, dass es nur ein Schreck war und alles in Ordnung ist.

Da alle Termine abgesagt waren, entschlossen wir uns das Dorf und das Dorfleben zu erkunden. Um der Tageshitze aus dem Weg zu gehen, machten wir uns gleich nach dem Frühstück auf den Weg. Bevor wir in den eigentlichen Ort kamen, kamen wir an wenigen etwas weiter auseinanderliegenden Häusern vorbei. Die Gebäude machten einen ärmlichen Eindruck. Fast an allen Häusern fehlte Farbe und an manchen Stellen bröckelte der Putz ab. Das ist allerdings bei sehr vielen Häusern in Ungarn so. Hier wird darauf nicht so viel Wert gelegt wie in Deutschland.

Dafür gibt es in den meisten Gärten Tomaten, Paprika und Gurken. Auch hier leuchteten uns überall rote saftige Tomaten entgegen. Paprikasträucher konnten ihre Last kaum tragen. Sie ließen uns mit ihren roten, grünen, gelben und orangenen Paprika das Wasser im Mund zusammen laufen. Auf vielen Hinterhöfen tummelten sich Hühner und Gänse.

Vor einem Haus blieben wir ein Weilchen auf der Straße stehen. Während wir die herrlichen Früchte im Garten bestaunten, bemerkte ich im Schatten eines großen Baumes eine Bewegung. Bei näherem Hinsehen erkannte ich, das dort eine alte Frau auf einem Holzklotz saß und zu uns herüber sah. Als sie aufstand, erinnerte sie mich an meine Oma. Ihr graues Haar war hinten zu einem Dutt zusammen gebunden. Ihr Rücken war krumm und tiefgebeugt. Sie kam in ihrem alten verwaschenen dunklen Kleid und einer grauen Schürze ein paar Schritte auf uns zu.

An ihrem schleppenden Gang sahen wir, dass sie schmerzen haben musste. Trotzdem lächelte sie grüßend zu uns herüber und aus ihrem sonst leeren Mund blinkten uns drei schwarze Zähne an. Sie erzählte uns etwas auf Ungarisch. Wir grüßten zurück und sagten ihr, dass wir Deutsche sind und leider nichts verstehen, was sie natürlich auch nicht verstand. Die alte Dame erzählte immer weiter und wir versuchten ihr klar zu machen, dass wir sie leider nicht verstehen. Dann zeigten wir auf die Tomaten und Paprika und bedeuteten mit dem Daumenhoch Zeichen, das wir ihre Früchte bewundern.

Daraufhin schlurfte sie zu den Tomaten und brachte uns zwei besonders schöne Exemplare. Herzhaft bissen wir hinein und wir waren uns sicher, das waren die besten Tomaten, die wir jemals gegessen hatten. Die Gewächshaustomaten, die wir in Deutschland zu kaufen bekommen, waren überhaupt nicht damit zu vergleichen. Selbst die Tomaten, die wir uns in unserem Garten gepflanzt hatten, schmeckten nicht annähernd so tomatig wie diese. Wir merkten, dass diese Tomaten viele Sonnenstunden mehr bekamen wie unsere daheim.

Als die Alte sah, wie wir uns über die Tomaten freuten und wie gut sie uns schmeckten, leuchteten ihre Augen vor Freude. Wir bedankten uns nochmal. Zwar auf Deutsch, aber ich bin mir sicher, das hat sie trotzdem verstanden. Wir verabschiedeten uns und setzten unseren Weg fort.

Die alte Dame hatte mich an meine Oma erinnert. Das ganze Leben hier, mit den alten Häusern, der Ruhe, der fehlenden Hektik und der Liebenswürdigkeit der Menschen, erinnerte mich an meine Kindheit. Hier schien die Zeit vor fünfzig Jahren stehen geblieben zu sein.

Vielleicht war es das was uns so von Ungarn begeisterte und schon nach kurzer Zeit in dieses wunderbare Land hinzog. Das Leben war viel schlichter und einfacher und vor allem nicht so voll Protz und Großkotzigkeit wie es in Deutschland oft der Fall ist.

Langsam setzten wir unseren Weg fort. Der Ort zog sich über circa zwei Kilometer hin und aus vielen Höfen wurden wir nett gegrüßt. Es gab noch eine Parallelstraße, welche durch zwei Querstraßen mit der Hauptstraße verbunden war. Da wir nicht mehr so gut zu Fuß waren, gingen wir direkt zurück zum Hotel.

Unterwegs kamen wir wieder an dem Haus vorbei, wo wir die Tomaten bekommen hatten. Die alte Oma saß auf ihrem Holzklotz im Schatten des Baumes und winkte uns zu. Hier brauchte man keine teuren Gartenmöbel. Sie waren glücklich und zufrieden mit dem wenigen was sie hatten.

Das Hotel hatte zwischen unserem Haus und dem Haupt-haus eine Terrasse mit Liegestühlen und einem Whirlpool. Der Pool war abgedeckt und wurde nur bei Bedarf vom Hotelpersonal in Betrieb genommen. Es gab auch noch einen größeren Pool. Dieser lag auf der anderen Seite der Straße etwas versteckt im Wald. Wir nahmen den Fußweg direkt gegenüber unserer Unterkunft und folgten ihm etwa 100 Meter durch die Bäume.

Hier kamen wir auf eine Lichtung. Links von uns stand ein Haus mit Umkleideräumen, einer Sauna und Duschen. Die Benutzung der Sauna sollte vorher an der Rezeption angemeldet werden, denn sie musste vorbereitet und geheizt werden.

In der Mitte der Lichtung befand sich der Pool und rundum waren ausreichend Liegen und Sonnenschirme aufgestellt. Dadurch, dass die Anlage im Wald war, herrschte ein sehr angenehmes Klima und da im Hintergrund die Vögel zwitscherten, eine besondere Atmosphäre.

Außer uns war niemand hier und wir konnten uns den besten Platz aussuchen. Hier konnten wir den ganzen Nachmittag in Ruhe genießen. Das Hotel war zwar voller Gäste, aber die meisten waren wohl am Balaton oder sahen sich die Sehenswürdigkeiten der Umgebung an.

Wir nutzten die Zeit um uns nochmal Gedanken darüber zu machen ob wir den Schritt wagen wollten nach Ungarn zu ziehen. Jetzt, wo es konkreter wurde, kamen die Bedenken wegen unserer Kinder. Obwohl diese ihr eigenes Leben führen und sie nicht mehr auf uns angewiesen waren, kamen die Gedanken, was ist, wenn sie uns doch mal brauchen sollten. Aber dadurch dass sie in verschiedenen Gegenden Deutschlands lebten, sahen wir sie auch jetzt nicht so oft und wenn wirklich was ist, waren wir auch nicht sofort zur Stelle.

Es gab viel zu bedenken und abzuwägen. Selbst wenn wir hier ein Haus kaufen sollten, würde es noch dauern, bis wir ganz nach Ungarn ziehen konnten. Zuerst mussten wir unser Haus in Deutschland verkaufen. Da es an einem Ort stand, wo es voraussichtlich nicht so schnell verkauft werden konnte, rechneten wir mit mindestens zwei Jahren, bevor wir Deutschland den Rücken kehren konnten. Zuerst wollten wir mit den Kindern reden und schauen was sie darüber dachten, dann würden wir weiter sehen.

Inzwischen sahen wir uns immer wieder die Bilder der beiden Objekte in Zalakomar an. Beide Häuser hatten Vor- und Nachteile. Es nutzte alles nichts, wir mussten am Donnerstag erst nochmal mit Georg sprechen und noch ein paar Erkundigungen zu den Häusern und dem Ort von ihm holen.

Die anschließenden beiden Tage hatten wir mit morgendlichem Spaziergang und anschließendem Faulenzen am Pool verbracht, bevor es am Donnerstagmorgen nach dem Frühstück zurück zu einem vorerst letzten Informationsaustausch mit Georg in Zalakomar ging.

Wir sahen uns erneut beide Häuser und Grundstücke an, dann ging es an die Einzelheiten. Da diese Objekte etwas teurer als die bereits zuvor angesehenen waren, was durch die Renovierung und Möblierung inklusive einer Klimaanlage berechtigt war, fragten wir ihn, ob er mit einem Mietkauf einverstanden sei. Er war bereit, uns das Haus mit einer Anzahlung und einer Ratenzahlung über 30 Monate zu verkaufen. Dies würde alles über einen Notar abgewickelt, damit es rechtlich abgesichert sei.

Jetzt stand noch die Frage im Raum, welches der beiden Häuser es werden sollte und ob wir den Schritt wirklich gehen wollen. Georg erklärte sich bereit, die beiden Häuser für ein bis zwei Wochen zu reservieren. Da er die Gebäude gerade erst fertig renoviert und noch nicht im Internet angeboten hatte, war das kein Problem. Bevor wir uns verabschiedeten, erkundigten wir uns noch über den Ort. Uns war aufgefallen, dass es viele Zigeuner in Zalakomar gibt. Georg hatte uns bereits erzählt, dass er schon 20 Jahre in Ungarn lebt, davon 17 Jahre in Zalakomar. Er versicherte uns, dass es noch nie Probleme mit Zigeunern gegeben habe. Solange man sie in Ruhe ließ und respektvoll behandelte, ließen sie einen auch in Ruhe. Er griff bei anfallenden Arbeiten immer wieder gern auf Zigeuner zurück. Jetzt, nachdem wir schon über zwei Jahre hier Leben, können wir das nur bestätigen. Die Zigeuner sind immer höflich und hilfsbereit.

Hier im Ort gibt es einen Bahnhof, zwei Ärzte, eine Apotheke, eine Schule, einen Sportplatz, sieben kleine Einkaufsläden, einen Fleischer, zwei Blumenläden, zwei Friseure, eine Masseurin, eine Pizzeria mit Lieferservice und eine kleine Gaststätte erzählte er uns noch. Der Balaton ist 15 Minuten, der Kis Balaton fünf Minuten, das Thermalbad Zalakaros fünf Minuten und das berühmte Thermalbad Heviz 20 Minuten entfernt. Außerdem ist Österreich, Kroatien, Slowenien und Budapest in kurzer Zeit zu erreichen. In nur drei Stunden ist man an der kroatischen Küste und kann im Mittelmeer baden.

ZURÜCK IN DEUTSCHLAND WARTET EINE SCHWERE ENTSCHEIDUNG

Wieder in Deutschland angekommen holte uns der Alltag schnell ein. Nach einem Tag Erholung ging es los mit Zeitungen austragen. Nun fiel uns der krasse Unterschied zwischen Ungarn und Deutschland so richtig auf. Es ging los beim Autofahren. Die Straßen waren voll und es herrschte Gedrängel und Hektik. In den Orten war es nicht besser. Menschen mit ernster, teils grimmiger Miene kamen uns entgegen. Niemand grüßte uns und wenn wir die Leute grüßten, schaute man uns an, als wären wir vom anderen Stern.

Das Fernweh hatte uns sofort wieder erfasst und untermauerte unseren Entschluss auszuwandern. Jede freie Minute sahen wir uns die Bilder der beiden Häuser an und überlegten, welches das richtige sei. Unser Favorit war das Haus mit den Birken davor und dem Rundbogen zwischen Eingangsbereich und Küche. Je länger wir uns Gedanken machten, umso überzeugter wurden wir von dem anderen Haus. Denn vom praktischen Nutzen war dies entschieden besser. Es hatte ein Zimmer mehr. Dazu kam die Veranda mit den beiden großen Fenstern und der doppelflügeligen Tür, welche direkt auf die Terrasse führte. Dann war noch der kühle Abstellraum, wo wir wunderbar Vorräte lagern konnten. Alle Zimmer waren ohne Durchgangszimmer, über einen Flur erreichbar.

Auf der Außenanlage waren die intakten Ställe. Der Schuppen mit einem großen Lagerraum, sowie einem großen Raum mit zwei Stahltoren und einer Grube, welchen wir als Garage oder Werkstatt nutzen konnten. Daran grenzte der Raum, den wir wunderbar als Carport verwenden konnten.

Nach einer Woche hatten wir uns auf das zweite Haus festgelegt. Jetzt blieb noch die Frage, was sagen die Kinder dazu und wann bringen wir das Ganze über die Bühne. Wichtig war für uns noch, wie ist das Leben in Ungarn in der dunklen und trüben Jahreszeit und wie kamen wir damit klar. Wenn wir den Schritt tatsächlich gehen, mussten wir uns dort auch im Winter wohlfühlen.

Wir klärten mit dem Verlag Stadtjournal, dass wir von Mitte bis Ende November zwei Wochen frei bekamen, damit könnten wir 17 Tage in Ungarn bleiben. Mit Georg vereinbarten wir, dass wir, wenn wir den Schritt gehen, das zweite Haus nehmen. Er erklärte sich bereit es bis November für uns zu reservieren. Für den Fall, dass wir uns doch gegen Ungarn entscheiden, sollten wir ihm sofort Bescheid geben. Er war einverstanden, dass wir die gut zwei Wochen im November in dem Haus wohnen, um Haus und Leben im Frühwinter kennenzulernen.

Nachdem das geklärt war, kam der schwierigere Teil auf uns zu. Wir mussten mit den Kindern sprechen und ihnen von unserem Vorhaben erzählen. Bei dem Gedanken an die Kinder wurde die Idee, nach Ungarn auszuwandern, plötzlich wieder zur Schnapsidee. Ging das überhaupt? So weit weg von den Kindern zu leben. Sicher, auch jetzt sahen wir sie nur selten, aber wir konnten doch relativ schnell bei ihnen sein. Von Ungarn aus brauchten wir mit der Bahn einen halben Tag.

Die Gedanken kreisten hin und her. Mal schien uns alles klar zu sein und wir waren entschlossen möglichst in der Nähe der Kinder zu sein. Im nächsten Moment waren wir sicher, Ungarn ist genau der richtige Schritt. Wir fühlten uns dort wohl. Das Leben war viel ruhiger und entspannter. Das trockenere Klima tat uns gut und die Kinder lebten sowieso ihr eigenes Leben. Es dauerte allerdings nicht lange und wir waren uns wieder sicher, wir mussten in Deutschland bei unseren Kindern bleiben.

So ging das tagelang. Mal Hü, mal Hot. Mal ja, dann wieder doch nicht. Wir fanden genügend Gründe dafür, alles zu lassen wie es war. Aber wir fanden noch mehr Gründe dafür, unsere Zelte in Ungarn aufzuschlagen. Es half alles nichts, wir mussten mit den Kindern reden.

Carmen sprach mit ihren Kindern aus erster Ehe und ich mit meinen. Meine jüngere Tochter Saskia wohnte noch im Haus bei meiner Ex Frau. Deshalb konnten wir uns nur außerhalb der Wohnung treffen. Wir verabredeten uns an einem Tag, an dem sie Berufsschule hatte. Ich holte sie in Frankfurt ab und brachte sie nach Hause. Unterwegs erzählte ich ihr, dass wir bereits zweimal in Ungarn im Urlaub waren und dass es uns dort sehr gut gefiel. Dass das Klima und die Ruhe uns gesundheitlich sehr gut taten. Abschließend sagte ich ihr, dass wir mit dem Gedanken spielen uns dort ein Haus zu kaufen und nach Ungarn zu ziehen.

Natürlich war sie erst mal geschockt. Aber sie sagte, dass sie ja Freunde hat und ihr eigenes Leben lebt. Von Frankfurt ist man schnell mit dem Flugzeug in Budapest oder Zagreb und man kann sich regelmäßig besuchen. Da sie weiß, wie es mir gesundheitlich geht, sei es für sie wichtig, dass es mir dort gut geht. Mir war klar, dass sie das gehörte erst noch richtig verarbeiten muss und dass sie schon sehr traurig sein wird, wenn der Tag kommt das wir endgültig die Koffer packen. Aber bis wir unser Haus in Deutschland verkauft haben wird es wahrscheinlich ein paar Jahre dauern.

Als nächstes stand das Gespräch mit meiner älteren Tochter und ihrem Lebensgefährten an. Hierzu verabredeten wir uns zum Essen mit ihnen. Auch ihnen erzählten wir von unseren Besuchen in Ungarn und das wir mit dem Gedanken spielen dorthin zu ziehen.

Die beiden nahmen es ziemlich gelassen auf und sagten gleich, für sie sei das Wichtigste, das wir uns wohlfühlen und es uns dort gut geht. Allerdings hätten sie uns gern überredet, nach Bosnien oder Kroatien zu ziehen. Der Grund dafür liegt darin, dass die Eltern des Freundes meiner Tochter ein Haus in Bosnien, nahe der kroatischen Grenze haben und sie dort jedes Jahr ihren Urlaub verbringen. Da dies keine drei Stunden von uns entfernt ist, könnte man den Urlaub dort mit einem Besuch bei uns verbinden. Außerdem spielen sie mit dem Gedanken irgendwann selbst nach Bosnien zu ziehen. Bosnien war für uns keine Alternative. Unser Herz hing bereits an Ungarn.

Eigentlich hatte ich gehofft, das mir die Entscheidung nach Ungarn zu ziehen leichter fiel, nachdem meine Töchter Bescheid wussten. Leider war dies ein Trugschluss. Es ging nicht darum, ob sie mir das ok gaben oder nicht. Nein, es ging einzig darum, dass es mir schwer fiel von den Kindern weg zu ziehen. Das Hin und Her der Gedanken und der Gefühle ging weiter.

Mit jedem Tag der verging, fühlten wir uns in der Hektik und mit den meist missgelaunten Mitmenschen in Deutschland unwohler. Damit stieg mit jedem Tag das Fernweh nach Ungarn.

Anfang September fuhren wir nach Eisenhüttenstadt zu Carmen ihrer Familie und unterrichteten diese von unserem vorhaben. Ihre Kinder zeigten sofort Verständnis und sagten, genau wie meine Töchter, dass für sie das Wichtigste ist, dass wir uns dort wohlfühlen. Der Rest der Familie war etwas reservierter und stand unserem Entschluss, nach Ungarn zu gehen, misstrauisch gegenüber. Was uns nicht wirklich interessierte.

Somit vergingen die Wochen und unser nächster Besuch in Ungarn rückte näher. Damit kam die Entscheidung das Haus zu kaufen oder auch nicht zu kaufen endgültig auf uns zu. Mit jedem Tag stiegen die Freude und die Aufregung.

In einem Ungarnforum im Internet hatte ich angekündigt, dass wir Anfang November für zweieinhalb Wochen nach Zalakomar kommen und uns dort eventuell ein Haus kaufen wollen. Darauf antwortete mir eine Frau, ihr Name ist Else, dass sie und ihr Mann bereits seit über einem Jahr ein Haus dort besitzen und sie jede freie Zeit da verbringt. Sie schwärmte regelrecht von dem Ort und seinen Bewohnern.

Dabei stellte sich heraus, dass sie ihr Haus ebenfalls von Georg gekauft hatten und sie das Anwesen, welches wir wahrscheinlich kaufen wollen, kennt. Da für den großen gekachelten Kamin kein Holz vorhanden war, wollte sie uns für November welches besorgen. Sie hatte sich mit Zigeunern angefreundet, die ihr auch das Holz für Ihren Ofen lieferten. Da wir Freitagnachmittag ankommen würden, sollte das Holz am Samstagvormittag geliefert werden.

WIEDER IN UNGARN

Die Tage vor der Abreise wurde jede freie Minute mit packen verbracht. Wir wussten nicht ob Geschirr, Töpfe und Besteck im Haus vorhanden waren, also nahmen wir von allem etwas mit. Auch Verpflegung für die ersten Tage durfte nicht fehlen.

Da auf der Autobahn zwischen Aschaffenburg und Würzburg mehrere kilometerlange Baustellen waren und dort nachts schlecht zu fahren war, beschlossen wir von uns aus quer rüber, über Freiensteinau nach Neuhof zu fahren und dann Autobahn Fulda Würzburg.

Der Winter war früh eingekehrt und die Nächte waren schon bitterkalt und es war glatt auf den Straßen. Wir hatten tagsüber vorgeschlafen und fuhren abends um elf Uhr los. Trotz Pausen wollten wir vor dem morgendlichen Berufsverkehr an Erlangen und Nürnberg vorbei sein, denn dort staute es sich häufig. Bis Neuhof ging es überwiegend durch den Wald. Die Straßen waren eisig und es herrschte dichter Nebel. Statt der eingeplanten 50 Minuten, brauchten wir über zwei Stunden.

Auf der Autobahn war zwar Salz gestreut und es herrschte nur noch stellenweise Nebel, aber es ging trotzdem viel langsamer vorwärts, wie wir uns das gewünscht hätten. Plötzlich kurz vor Erlangen erschienen vor uns Warnblinker und dann stand alles. Da der Berufsverkehr noch nicht eingesetzt hatte, hofften wir, dass es bald weiter ging.

Die Temperaturanzeige zeigte minus sechs Grad und es ging keinen Millimeter vorwärts. Um nicht zu frieren, musste ich den Motor regelmäßig anstellen. Wir standen auf der linken Fahrspur nah an der Leitplanke und sahen, dass auch auf der Gegenfahrbahn die Fahrzeuge alle langsam und ganz rechts fuhren. Neben uns hatten sich LKW auf der rechten, sowie der Mittelspur eingereiht.

Nach einer gefühlten Ewigkeit hörten wir Polizeisirenen begleitet von einem Hupkonzert. Im Rückspiegel sah ich das Blaulicht der Polizei- und Rettungsfahrzeuge langsam näherkommen. Dann entdeckte ich Polizisten, die von Fahrzeug zu Fahrzeug liefen und diese aufforderten Platz für eine Rettungsgasse zu machen. Auf unserer Spur waren alle weit genug nach links gefahren. Gerade die LKW, die nebeneinander standen, versperrten den Weg. Sie waren so dicht auf den Vordermann aufgefahren, dass sie wenig Platz zum Rangieren hatten. Wodurch sich das Ganze unnötig in die Länge zog. Es ist ein Unding, das die LKW im Stau noch auf die mittlere Spur ziehen und damit die Rettungskräfte behindern.

Nicht weit vor uns kamen die Blaulichter zum Stehen. Zuerst dachte ich, dass dort unbelehrbare die Rettungskräfte aufhielten. Aber dann gingen die Sirenen aus und die Fahrzeuge blieben immer noch an Ort und Stelle. Jetzt war mir klar, dass der Unfall unmittelbar vor uns passiert sein musste. Einige Minuten später war vor uns alles hell erleuchtet und auch die Gegenfahrbahn wurde angestrahlt. Jetzt kamen dort keine Fahrzeuge mehr entgegen.

Kurze Zeit später sahen wir auf der Gegenfahrbahn Menschen mit Taschenlampen rum laufen. Sie leuchteten alles ab und hoben immer wieder etwas von der Straße auf.

Aus den Verkehrsmeldungen im Radio erfuhren wir später, das in den Unfall ein LKW und mehrere PKW verwickelt waren und Teile bis auf die Gegenfahrbahn geschleudert wurden. Also dauerte es bestimmt noch ein paar Stunden bis es wieder vorwärts ging. Im LKW rechts neben uns sah ich, dass der Fahrer die Füße auf das Armaturenbrett gelegt hatte und schlief. Auch ich versuchte etwas schlaf zu finden, aber es war zu unbequem und die Aufregung und die immer wieder aufkommende Kälte ließen keinen Schlaf zu.

Nach mehr als vier Stunden ging es langsam vorwärts. Die in den Unfall verwickelten Fahrzeuge waren zur Seite geräumt worden. Dadurch konnte eine Fahrspur frei gegeben werden. Auf der Weiterfahrt gab es immer wieder leichten Schnee-fall und die Fahrt war mühsam. Selbst in Ungarn schneite es etwas und auf den Feldern und Wiesen war alles weiß. Damit hatten wir nun wirklich nicht gerechnet.

Von unterwegs hatten wir bei Georg angerufen und ihm Bescheid gesagt um wie viel Uhr wir etwa in Zalakomar sein werden. Er wollte dann beim Haus auf uns warten. Kurz bevor wir vor Ort waren, rief Else an und fragte, wann wir da seien, denn sie wollte uns dort gleich besuchen. Wir baten sie erst am nächsten Vormittag zu kommen da wir erst mal in Ruhe ankommen, alles ausladen und uns dann erholen wollten.

Bei leichtem Schneefall kamen wir beim Haus an, Georg und seine Lebensgefährtin Anja warteten bereits auf uns. Anja hatten wir noch nicht kennengelernt. Sie ist Ungarin, spricht gut Deutsch und war sehr nett. Georg hatte bereits am Vortag die Gaskonvektoren auf kleiner Flamme angestellt, damit es im Haus bei unserer Ankunft nicht so kalt war. Auch der Warmwasserboiler war schon in Betrieb und wir konnten heute noch duschen oder baden. Dadurch dass im Haus die Wände völlig ausgekühlt waren, strahlten sie noch kälte ab.

Nachdem sie uns im Haus alles gezeigt hatten, setzten wir uns noch ein Weilchen in der Küche auf die Bank und besprachen die weitere Vorgehensweise. Wir wollten uns ein paar Tage einleben und wenn wir uns dann entscheiden sollten das Haus zu kaufen, würde Georg kurzfristig einen Termin beim Notar machen.

Bei der Verabschiedung der beiden stand Else plötzlich vor uns. Eigentlich hätten wir gern in Ruhe ausgeladen und uns dann ausgeruht, aber da sie es wichtigmachte, baten wir sie kurz rein. Hier erzählte sie uns, dass sie das Holz, welches am nächsten Vormittag geliefert werden sollte, abbestellt habe, da es nass sei. Da wir die Gaskonvektoren zum Heizen hatten, war es nicht so dramatisch. Aber wir hätten gern den schönen Kamin ausprobiert.

Für den nächsten Tag schlug sie vor, dass wir gemeinsam nach Nagykanizsa fahren könnten. Dort wollte sie uns zeigen wo wir am besten einkaufen können. Nachdem sie gegangen war, konnten wir endlich das Auto ausladen und danach war nur noch ausruhen angesagt.

Am nächsten Morgen inspizierte ich mit Balu erst mal das ganze Grundstück. Wir verließen den eingezäunten Bereich und gingen bis zum Ende unserer Wiese. Das waren immerhin noch 100 Meter. Hier sah ich mich in Ruhe um. Das gegenüberliegende Haus, welches zur Parallelstraße gehörte, in welcher auch Georg und Anja wohnten, war über 100 Meter entfernt am Ende des Nachbarfeldes. Nach links und rechts zogen sich die Felder und Wiesen mehrere Hundert Meter weit. Auf der linken Seite war der Kirchturm von Zalakomar zu sehen und ein ganzes Stück rechts davon ragte ein kleinerer Turm aus den Häusern. Er gehörte zu einer Kapelle, welche beim Friedhof stand. Diese Kapelle lag etwa 200 Meter schräg gegenüber von dem anderen Haus, welches wir erst kaufen wollten.

Es war einfach herrlich hier draußen. So ruhig und entspannt. Obwohl wir mitten im Ort waren, war es, als wären wir inmitten der Feldmark. Balu schien es auch zu gefallen. Er tobte durch den etwa fünf Zentimeter tiefen Schnee und wollte sich nicht mehr einkriegen.

Pünktlich nach dem Frühstück kam Else zu uns. Wir hielten uns nicht lange auf und fuhren sogleich hinter ihr her. Zuerst machten wir uns auf den Weg zu ihrem Anwesen und brachten ihr Auto weg. Ihr Haus liegt in der anderen Dorfhälfte circa einen Kilometer von uns entfernt. Die Temperatur war knapp über null Grad und es fing langsam an zu tauen. Der Schnee auf den Straßen wurde zu braunem Schneematsch. Zwischendurch fielen immer wieder ein paar Schneeflocken. Die, kaum dass sie die Erde erreichten, tauten.

Als Erstes fuhren wir zu OBI. Anschließend zeigte sie uns, wo Aldi und Lidl sind. Diese Geschäfte liegen gleich von Zalakomar kommend am Ortseingang von Nagykanizsa. Dann ging es weiter zu Magnetic. Das war ein kleiner ungarischer Supermarkt am anderen Ende des Ortes. Hier bekamen wir fast alles, was wir an Lebensmittel und für den Haushalt brauchen. Die meisten Sachen günstiger als bei den bekannten Discountern.

In der Zwischenzeit war die Temperatur auf sechs Grad angestiegen und der meiste Schnee getaut. Wir brachten Else zurück zu ihrem Haus. Sie lud uns auf eine Tasse Kaffee ein. Bei der Gelegenheit konnten wir ihr Haus besichtigen. Dabei fragten wir sie nochmal nach dem Brennholz. Sie sagte, das sei so nass geworden, dass es erst mal ein halbes Jahr trocknen müsse. Aber sie gab uns einen Korb voll Holz von sich mit, damit wir wenigstens den Kamin anfeuern konnten.

Für den nächsten Tag schlug sie vor, früh zum Flohmarkt nach Nagykanizsa zu fahren und auf dem Rückweg könnten wir bei guten Bekannten von ihr vorbeifahren, damit wir diese auch gleich kennen lernen. Da ich bereits den ganzen Morgen Hals- und Kopfschmerzen hatte und mir die Nase lief, sagten wir, dass wir das erst am nächsten Tag entscheiden könnten. Ich wollte erst mal sehen, wie es mir dann ging.

Da ich in der Nacht Fieber bekommen hatte, rief Carmen am Sonntagmorgen bei Else an und sagte ab. Kurze Zeit später rief diese dann Carmen zurück und wollte sie überreden, dass wir doch wenigstens mit zu ihren Bekannten kommen sollten. Aber an dem Tag ging es mir gar nicht gut und wir sagten ihr, dass wirklich nichts zu machen sei.

Am Nachmittag rief Else erneut an. Sie wollte Carmen abholen und mit ihr zu ihren Bekannten fahren. Carmen erklärte ihr, dass sie schon mehrmals gesagt habe, dass es nicht geht und es auch dabei bleibt. Darauf wurde Else richtig böse am Telefon. Sie meinte, dass ihre Bekannten extra Kuchen gebacken haben und wir jetzt auch mit dorthin fahren müssten. Da wir nie irgendetwas zugesagt hatten, war uns das reichlich egal.

Abends rief Georg an und fragte, ob alles in Ordnung sei. Wir erkundigten uns bei ihm, ob er uns Holz besorgen könnte. Er versprach uns, dass in den nächsten Tagen ein Hänger voll geliefert würde.

Am Montag ging es mir schon besser. Zumindest war das Fieber weg und die Schmerzen waren auch erträglicher. Da frische Luft immer gut ist und die Sonne schien, ging ich mit Balu mittags wieder raus. Es war herrlich. Der Himmel war strahlend blau und es ging kein Lüftchen. Bei 14 Grad konnten wir gar nicht glauben, dass zwei Tage zuvor noch Schnee gelegen hatte.

Als wir zurück am Haus waren, sah ich, dass ein Reifen am Auto platt war. Leider hatte ich kein Reserverad dabei. Weil unser Auto mit Benzin oder Gas betrieben werden konnte, war an der Stelle der Reserveradmulde der Gastank. Da ich noch nicht wieder richtig fit war und wir das Fahrzeug erst mal nicht brauchen, beschloss ich es stehen zu lassen und mich in den nächsten Tagen darum zu kümmern.

Nachmittags rief Else plötzlich an und sagte, dass sie in einer halben Stunde mit den Zigeunern vorbei kommen wollte, um das Holz bringen. Auf meine Frage was ich mit dem nassen Holz solle, antwortete sie, dass das Holz inzwischen getrocknet sei. Ich fragte sie noch, ob sie uns verarschen wolle. Dann erklärte ich ihr, da sie uns mit dem Holz abgesagt hatte, haben wir anderweitig Brennholz bestellt. Sie fing am Telefon an zu schimpfen und ich legte auf. Das war bis heute das letzte Mal, dass wir persönlich von ihr hörten. Lediglich Bekannte erzählten immer mal wieder lustige Geschichten über sie.

Abends rief ich Georg an und fragte ihn wo ich meinen kaputten Reifen reparieren oder austauschen lassen konnte. Er sagte, dass bei ihm schräg gegenüber eine kleine Werkstatt sei und er mit mir dorthin geht. Wir verabredeten uns für den kommenden Vormittag.

Kaum hatte ich am nächsten Morgen das Rad abgeschraubt, stand Georg schon in der Einfahrt. Wir legten den Reifen in den Kofferraum und fuhren zur Werkstatt. Obwohl Georg schon lange in Ungarn lebt, sprach er so gut wie kein ungarisch und der Monteur in der Werkstatt sprach kein Deutsch. Trotzdem hatten wir schnell geklärt, worum es ging. Wir ließen den Reifen dort und sollten ihn am Nachmittag wieder abholen.

Als wir nach dem Mittagessen in die Werkstatt kamen, stand der Reifen Fix und fertig zum Abholen bereit. Eine Schraube hatte ein kleines Loch in das Profil gedrückt und der Monteur hatte es mit einem Spezialpfropfen repariert. Die ganze Reparatur kostete umgerechnet noch nicht mal fünf Euro.

Das Rad war schnell wieder montiert und da es ein herrlicher Spätherbsttag mit Sonnenschein und fast 20 Grad war, beschlossen Carmen und ich noch einen Spaziergang zu machen. Dies war die beste Gelegenheit, den Ort und seine Bewohner kennenzulernen.

Die Gegend bei der Kirche, Post, Bank und Pizzeria hatten wir uns schon im August angesehen. Daher gingen wir diesmal in die andere Richtung. Zweihundert Meter von uns überquerten wir die Hauptstraße, die von der kroatischen Grenze nach Budapest führte. Eigentlich sollte man denken, dass hier viel Verkehr herrscht. Tatsächlich kommen nur wenige Fahrzeuge hier lang.

Gleich hinter der Straße steht links ein Restaurant mit Kegelbahn, welches aber leer zu sein schien. Daneben war ein neues Gebäude gebaut worden. Scheinbar sollte hier ein Geschäft eröffnet werden.

Keine 50 Meter weiter stand ein lang gezogenes flaches Gebäude mit drei Eingängen. Hinter der ersten Tür befand sich eine Fleischerei. In der Mitte ein Tabak- und Getränkeladen und die dritte Tür führte in einen kleinen Tante Emma Laden, wo wir das Nötigste für den täglichen Bedarf kaufen konnten.

Unterwegs begegneten uns mehrere Pferdewagen. Obwohl hier auch einige Traktoren auf den Höfen standen, transportierten die Bauern noch vieles mit ihren Pferden. An einer Stelle hatte jemand seinen Esel draußen im Straßengraben angebunden. Der stand dort seelenruhig, fraß Gras und ließ sich von nichts und niemanden stören. Unser Balu zog natürlich in seine Richtung, auch das interessierte den Esel nicht.

Wir gingen bis zur nächsten Kreuzung und bogen links ab. Hier war auf der Ecke ein kleiner Laden. Ein Stück weiter entdeckten wir eine Arztpraxis. Dann zog Balu zu einem zweistöckigen Haus mit Balkon. Auf dem Grundstück lief ein Schäferhund am Zaun entlang und die beiden Hunde begrüßten sich laut kläffend. Es dauerte nicht lange und auf dem Balkon erschien ein älterer Herr und rief laut: „aus!!" „Sind Sie Deutsche?" fragte ich ihn. Er bestätigte es und nach kurzer Unterhaltung, bat er uns ins Haus zu kommen.

Seine Frau kochte Kaffee und stellte Kekse auf den Tisch. Eigentlich wollten wir nur ein paar Minuten bleiben. Aus den Paar Minuten wurden über drei Stunden. Sie erzählten uns, dass sie beide schon über 80 Jahre alt sind und bereits seit 20 Jahren in dem Haus wohnen. Der Mann war Maurermeister und Bauzeichner und hatte das Gebäude selbst entworfen und in Eigenregie gebaut. Das Grundstück hatten sie gleich nach der Öffnung Ungarns gekauft. Vorher hatten sie bereits 25 Jahre jedes Jahr ihren Urlaub am Balaton verbracht. Zuerst auf dem Campingplatz und später im Hotel.

Im Urlaub hatten sie eine Familie aus der DDR kennengelernt, die sie regelmäßig besuchten und jedes Mal schmuggelten sie Waren hinüber. Es waren interessante und spannende Geschichten, die die beiden zu erzählen hatten. Leider waren sie inzwischen nicht mehr so fit und hatten bereits einige Operationen hinter sich und weitere vor sich. Ihren Garten hielten sie immer noch in Schuss und machten jedes Jahr über 50 Liter Fruchtwein selbst. Die Zeit verging wie im Flug und plötzlich war es Dunkel draußen. Wir verabschiedeten uns von ihnen und versprachen sie wieder einmal zu besuchen.

Eigentlich wollten wir die Runde am Sportplatz und am Bahnhof vorbei heimwärts machen. Da es schon Dunkel war, gingen wir auf dem kürzesten Weg zurück. Wir nahmen uns vor, am folgenden Tag die Runde fortzusetzen. Unterwegs rief Georg an und sagte uns, dass am nächsten Morgen ein Hänger voll Holz geliefert werde.

Um zehn Uhr stand ein alter VW Pritschenwagen vor der Tür und brachte das angekündigte Brennholz. Das Holz war Ofen fertig gehackt und zwei Jahre gelagert, sodass wir es gleich verwenden konnten. Bei den zurzeit herrschenden Temperaturen brauchte ich aber keinen Kamin anzumachen. Auch an dem Tag waren strahlend blauer Himmel, Sonnenschein und Temperaturen um die 20 Grad.

Bis zum Mittag hatte ich einen großen Teil des Holzes mit dem Korb von der Else in den einen Raum des Nebengebäudes gebracht und den Rest abgedeckt. Ich hatte es erst mal einfach hineingeschüttet. Stapeln konnte ich es, wenn schlechtes Wetter war. Da wir den Nachmittag nutzen wollten den Ort weiter zu erkunden, musste das Holz vorläufig liegen bleiben.

Nachdem wir uns mittags ausgeruht hatten, machten wir uns auf den zweiten Teil der Entdeckungstour. Wir machten dieselbe Runde, aber diesmal gingen wir weiter. Zwischen dem Haus der älteren Familie wo wir gestern waren und dem Bahnhof, hörten wir plötzlich leise Musik. Sie kam langsam näher und wurde immer lauter. Es war ständig dasselbe Lied. Der Refrain von „La Cucaracha" in einer Endlosschleife.

Nach einer Weile sahen wir den Verursacher der Musik. Langsam kam ein kleiner Lieferwagen näher und dudelte die Musik in einer Tour vor sich her. Als das Gefährt neben uns war, sahen wir, dass es sich um ein Fahrzeug handelte, aus welchem Fleisch und Wurst verkauft wurde. Auf den Seitenteilen waren Bilder von Schinken, Würsten und Fleisch. Wenn die Leute den Wagen schon von weitem hörten und sie was brauchten, kamen sie an die Straße und hielten ihn an. Wir waren so fasziniert von dem Vehikel, das ich es mit meinem Handy filmte und den Film den Kindern schickte.

Dann machte die Straße einen großen Linksbogen und wir kamen an Bahnhof und Sportplatz vorbei. Ein Stück weiter schien auf der rechten Seite der Bauhof des Dorfes zu sein. Dort standen Gemeindefahrzeuge, Baufahrzeuge und Baugeräte mit der Aufschrift der Gemeinde.

Links davon waren mehrere doppelstöckige Reihenhäuser mit Vorgärten. In dem Vorgarten des Endhauses blühten noch die Rosen so schön, dass wir stehen blieben und sie bewunderten. Rechts vom Haus war eine Einfahrt, auf dem ein Hund an gehumpelt kam. Er schien schwach und verletzt zu sein. Als unser Balu und er an zu bellen fingen, ging ein Fenster auf und eine Frau sah heraus. Sie redete uns auf Ungarisch an, leider verstanden wir nichts.

Ich sagte ihr, dass wir Deutsche sind. Jetzt fragte sie uns auf Deutsch, ob sie uns helfen könne. Dann erzählte sie uns, dass sie Ungarin sei, aber durch ihren Mann, der Schweizer ist, gut Deutsch könne. Von dem Hund, der auf der Einfahrt humpelte, sagte sie, dass sie ihn halb verhungert und verletzt auf der Straße gefunden hatten. Sie päppeln ihn jetzt auf und möchten ihn gern in gute Hände abgeben. Als wir uns verabschiedeten, bat sie uns, doch einmal vorbei zu kommen, wenn ihr Mann zu Hause sei. Er freue sich bestimmt über unseren Besuch.

Weiter ging es an der Tankstelle vorbei. Dann an Kindergarten, Rathaus, ein weiterer Blumenladen und noch einem Tante Emma Laden. Jetzt waren wir wieder zurück an der Hauptstraße. Diese überquerten wir und 50 Meter dahinter ging links eine kleine Straße ab, die parallel zur Hauptstraße verlief. An der Ecke befand sich eine kleine Kneipe mit kleinem Biergarten. Wir folgten der Parallelstraße etwa 250 Meter, dann kamen wir wieder an die Straße, in der das Haus stand welches wir wahrscheinlich kaufen würden. Wir gingen rechts in die Straße hinein und nach 200 Meter waren wir am Ziel.

DIE ENTSCHEIDUNG

Am Abend saßen wir zusammen und überlegten, was wir machen sollten. Die ersten Tage hatten wir hier verbracht und fühlten uns richtig wohl. Von Anfang an hatten wir das Gefühl angekommen zu sein. Wir waren uns sicher, dies könnte und würde unsere neue Heimat sein. Das Haus gefiel uns sehr gut. Sicher, hier würde in absehbarer Zeit noch einiges gemacht werden. Aber nichts was sofort sein musste. Auch draußen das Grundstück war herrlich. Hier wartete im Frühjahr allerdings sofort die Arbeit auf uns.

In den verschiedenen Foren im Internet hatte ich gelesen, dass das Leben in den Orten rund um den Balaton im Winter fast zum Erliegen kommt. Die meisten Geschäfte und Restaurants hätten von Mitte Oktober bis Ende März geschlossen. Daher war ich schon etwas skeptisch den Winter in Ungarn zu verbringen. Aber hier hatten wir das in den vergangenen Tagen ganz anders erlebt. Überall begegneten uns nette Menschen und die Einkaufsläden hatten sieben Tage die Woche geöffnet. Also vereinsamen würden wir hier nicht.

Am nächsten Morgen nach dem Frühstück riefen wir Georg an und sagten ihm, dass wir das Haus kaufen. Allerdings wollten wir vor dem Notartermin einen Kaufvertrag in deutscher Übersetzung haben. Gegen Mittag rief er zurück und sagte uns, dass wir am kommenden Montag um acht Uhr einen Notartermin haben. Um halb acht Uhr wollten sie uns abholen. Nach dem Termin gehen wir zusammen frühstücken. Anschließend melden wir gleich Strom, Gas und Wasser um. Den übersetzten Kaufvertrag würde er uns am

Freitag vorbei bringen, dann können wir ihn am Wochenende in Ruhe prüfen.

In den nächsten Tagen brachte ich das restliche Holz ins Nebengebäude und fing an es zu stapeln. Freitagnachmittag brachte Georg den Kaufvertrag vorbei. Der Vertrag war kurz und bündig. Trotzdem enthielt er alles, was wichtig ist und war sofort verständlich. Anders als in Deutschland, wo die Verträge ellenlang sind, von Paragrafen wimmeln und von niemandem verstanden werden.

Kurz vor acht Uhr waren wir am Montagmorgen beim Notar. Die Sekretärin nahm nochmal unsere Daten auf, überprüfte die Ausweise und dann gingen wir zum Notar rein. Er begrüßte uns sehr freundlich und erklärte uns, obwohl er etwas Deutsch sprach, den Ablauf auf Ungarisch. Anschließend las er den ungarischen Vertrag vor und Anja übersetzte alles für uns. Danach fragte er, ob wir alles verstanden haben und alles so sei, wie wir uns das vorgestellt hatten. Nachdem wir dies bestätigten, unterschrieben alle die Verträge. Damit waren wir glückliche Besitzer eines Hauses mit großem Grundstück in Ungarn.

Mittlerweile machte sich der Hunger bemerkbar und wir fuhren zu einem großen freien Platz. Anja erklärte uns, dass hier verschiedene Veranstaltungen im Jahr stattfanden, unter anderem der Weihnachtsmarkt.

Rund um den Platz verliefen Straßen und Parkplätze. Auf einer Seite waren mehrere Cafés und Restaurants. In einem davon, ein kleines gemütliches Café mit alter Einrichtung, nahmen wir unser Frühstück ein. Es gab Rührei, Brötchen und Marmelade. Georg und Anja erzählten uns noch einiges über die Stadt. Dann ging es weiter, die Energieversorgung auf unseren Namen ummelden.

Bei der EON kamen wir in einen großen Raum. Vorne war der Wartebereich und hier stand ein Automat, an dem wir uns anmelden und eine Nummer ziehen mussten. Um in das Programm zu kommen, konnten wir eingeben, in welcher Sprache das Programm öffnen sollte. Es standen Ungarisch, Deutsch und Englisch zur Verfügung. Anja machte das auf Ungarisch. Erklärte uns aber, dass man hier angeben musste, ob man nur eine Beratung wünschte, Neuanmeldung oder Ummeldung. Man konnte auch einen Deutsch sprechenden Berater wählen. Der war aber nicht täglich vor Ort und es konnte passieren, dass man an einem anderen Tag wieder kommen musste.

In der Mitte des Raumes befanden sich mehrere Schalter und obwohl der Wartebereich voll war, ging es zügig voran. Georg musste erst mal nachweisen, dass er bisher alle Rechnungen für das Haus bezahlt hatte und den Anschluss für sich abmelden. Dann legten wir unsere Ausweise und den Kaufvertrag vor. Daraufhin bekamen wir ein Anmelde-formular, welches wir mit Anja's Hilfe ausfüllten und schon war dies erledigt.

Den Gasanschluss bei Fögaz und den Wasseranschluss bei Delzalai Viz ummelden funktionierte nach demselben Prinzip und ging ebenso unkompliziert vonstatten. Allerdings ohne Anjas Hilfe hätten wir ganz schön auf dem Schlauch gestanden.

Aber sie mussten sowieso dorthin, um ihren Anschluss abzumelden, denn ohne Abmeldung vom Vorbesitzer geht keine Neuanmeldung.

Obwohl alles reibungslos funktioniert hatte, waren ein paar Stunden vergangen und die Mittagszeit vorüber. Dass wir drei verschiedene Ämter anfahren, Parkplatz suchen, neu anmelden und warten mussten, hatte uns viel Zeit gekostet.

Daher schlug Anja vor, bei Tesco Essen zu gehen. Tesco ist ein Supermarkt mit angeschlossenem Restaurant. Hier gab es Menüs zwischen 3 € und 4,50 €. Außer den Menüs konnten wir uns auch andere Gerichte bestellen. Beim Menü konnten wir unter verschiedenen Suppen wählen, außerdem gab es verschiedene Fleischgerichte und Beilagen. Die Portionen waren groß und schmackhaft. Allein von der Schüssel Suppe konnten wir satt werden.

In den folgenden Tagen inspizierte ich den Brunnen. Er war voll funktionstüchtig. Lediglich die Kette war verrostet und kaputt und ein Eimer fehlte. Bei OBI besorgte ich eine acht Meter lange Stahlkette. Einen Metalleimer hatten wir noch in Deutschland. Da das Wetter angenehm war, räumte ich im Garten auf und entfernte einiges an altem Gebüsch. Die letzten Tage wurden dann doch regnerisch und kühler und der Kamin kam zum Einsatz. Er sorgte für eine behagliche Wärme und es war angenehm, mit dem Rücken am Kamin zu sitzen.

Die Zeit in Ungarn war viel zu schnell vorbei und wir mussten uns auf den Rückweg nach Deutschland machen. Die Straßen waren frei von Eis und Schnee, lediglich in den Bergen waren

Wiesen und Felder schneebedeckt. Wir waren früh im Dunkeln losgefahren. Es gab viel Wild auf der Strecke und es herrschte leichter Nebel. Daher konnten wir nur langsam fahren. Eigentlich wollten wir gar nicht fahren, denn am Liebsten wären wir hier geblieben.

Unser Plan für die Zukunft war alle drei bis vier Monate nach Ungarn zu kommen. Aber da bräuchten wir jemand, der immer mal nach dem Rechten sieht, lüftet und im Sommer Rasen mäht. Schon nach ein paar Tagen in Deutschland schmissen wir diesen Plan wieder über den Haufen. Dieses nasskalte Wetter Ende November in Deutschland und speziell am Rande des Vogelsberges bekam uns überhaupt nicht. Uns überkam das Fernweh, oder war es schon Heimweh, zurück nach Ungarn.

Wir entschlossen uns bereits im Januar wieder in unser Haus in Zalakomar zu fahren. Da wir immer drei Wochen Zeitungen austrugen und dann eine Woche frei hatten, lohnte sich die Fahrt. Die zweite Januarwoche hatten wir sowieso frei und die erste Woche nahmen wir uns Urlaub. So konnten wir bereits ab ersten Januar unsere neue Heimat für 18 Tage genießen.

JANUAR IN UNGARN

Vorher besorgten wir uns noch einen Dachgepäckträger und eine Dachbox für unser Auto. Dadurch konnten wir schon viele Sachen, die wir nicht mehr unbedingt in Deutschland brauchten, mitnehmen. Während der Fahrt war es zwar eiskalt aber trocken. Auf der Straße herrschte auch nicht allzu viel Verkehr, so dass wir gut durchkamen.

Da wir in der Küche den Gaskonvektor auf kleiner Stufe angelassen hatten, war das Haus auch nicht zu sehr ausgekühlt. Nach unserer Ankunft drehten wir den Konvektor voll auf und machten auch den im Schlafzimmer an. Anschließend wurde der Kamin angeheizt. Es dauerte nicht lange und im Haus herrschte eine behagliche Wärme.

In den folgenden Tagen richteten wir uns weiter gemütlich ein. Das Wetter war gut, nachts bis minus zehn Grad und am Tag strahlender Sonnenschein bei minus zwei Grad. Das nutzten wir aus und machten einige Spaziergänge im Ort. Von den Zigeunern hatte ich uns nochmal Holz liefern lassen, welches ich im Nebengebäude aufstapelte. Im Internet hatte ich im Ungarnforum gesehen, dass nicht weit von uns ein deutscher Hofladen war. Er hatte Dienstag und Donnerstag ab zehn Uhr geöffnet und wir entschlossen uns dort einmal einzukaufen.

Die Besitzer des Hofladens, Uwe und Caro, waren ein nettes deutsches Ehepaar und wir blieben länger dort, als geplant. Nachdem sie über sich und wir über uns erzählt hatten, zeigte Caro uns ihren Hof. Zuerst ging es vorbei an den

Hühnern zu den Schweinen. Dann sahen wir auf der Wiese die Esel und die Enten. Zum Schluss führte sie uns in den Verkaufsraum mit der eigenen Metzgerei. Hier wartete Uwe bereits auf uns und wir mussten erst mal die verschiedenen Würste probieren. Es war alles sehr lecker und wir kauften eine Hirschsalami und eine Hausmachersalami. Dazu kamen noch zwanzig frische Eier und dann konnten wir den Rückweg antreten.

Zu Hause hängten wir die Wurst in den Vorratsraum. Durch die dick mit Lehm verputzen Wände, herrschte hier ein gutes Klima zur Aufbewahrung von Wurst und Gemüse. Die Decke war hier nicht abgehängt, so dass die dicken Balken frei lagen. In die Balken waren schon Nägel eingeschlagen. Daran hängte ich die Würste auf und schnell duftete der ganze Raum nach Wurst.

Nach ein paar Tagen hatte es nachts geschneit, aber am Morgen war wieder strahlend blauer Himmel. Balu tobte bei unserem allmorgendlichen Rundgang durch vier cm Neuschnee und ich überlegte, ob ich draußen Schnee räumen musste. Beim Blick über den Zaun sah ich aber, dass hier niemand Schnee räumte, also ließ ich es auch.

DER UNFALL

Als wir beim Frühstück saßen, gab es auf der Straße plötzlich einen lauten Knall. Wir gingen ins Wohnzimmer, um nachzusehen, was passiert war. Vor unserem Haus stand ein Auto und der Kotflügel vorne rechts war ziemlich demoliert. Beim Nachbarn links von uns stand ein Auto auf der Einfahrt. Es war nicht zu sehen, ob es beschädigt war. Weiter waren keine Fahrzeuge zu sehen. Ein Mann stand auf der gegenüberliegenden Straßenseite und telefonierte. Später kam eine Nachbarin und sie unterhielten sich. Wobei er wild gestikulierte und immer wieder zu seinem Auto zeigte.

Da vorläufig nichts weiter passierte, frühstückten wir erst mal fertig. Nach ein paar Minuten hörten wir Sirenen, die vor unserem Haus verstummten. Als wir erneut zum Fenster kamen, sahen wir ein Polizeiwagen stehen und zwei Polizisten unterhielten sich mit dem Mann. Kurz darauf kam ein zweites Polizeiauto. Zwei weitere Polizisten gingen nach kurzer Unterhaltung mit den ersten Polizisten auf das Nachbargrundstück. Die ersten beiden suchten jetzt nach Bremsspuren, machten Fotos und vermaßen alles ganz genau.

Fünfzehn Minuten später kam ein dritter Polizeiwagen und es stiegen zwei weitere Polizisten aus. Sie holten einen Schäferhund vom Rücksitz und gingen ebenfalls auf das Nachbargrundstück. Wir wunderten uns, wozu die einen Polizeihund brauchten und überlegten, was da wohl passiert war. Dann kamen die vier Polizisten und der Hund zurück auf die Straße und ein paar Minuten später kam ein Rettungswagen. Die Sanitäter liefen direkt zum Nachbarn rüber und es dauerte ein ganzes Weilchen, bis sie zurückkamen. Kurz darauf fuhren die beiden Polzisten mit dem Hund davon und ein Leichenwagen stellte sich dort hin. Ein Polizist ging zu den beiden Bestattern und erklärte ihnen etwas. Anschließend holten sie einen Sarg hinten raus und gingen aufs Nachbargrundstück.

Auf der anderen Straßenseite hatten sich in der Zwischenzeit viele Nachbarn und Neugierige eingefunden. Sie tuschelten, glotzten herüber und es war ein kommen und gehen. Während Carmen und ich vorm Fenster saßen und rätselten, was da passiert war. Das Unfallfahrzeug schien nicht so schlimm beschädigt zu sein, das da jemand bei zu Tode gekommen wäre.

Bis alles vorbei war und alle wieder verschwunden waren, waren fast vier Stunden vergangen. Da wir kein Ungarisch sprachen, erfuhren wir auch in den nächsten Tagen nicht, was passiert war.

Am folgenden Samstag hatte Carmen Kuchen gebacken, denn Georg und Anja hatten sich für Sonntag zum Kaffee trinken angemeldet. Georg hatte einen kleinen Fernseher mitgebracht, den er uns günstig überließ. Leider war der Fernseher ohne eingebauten Receiver. Wir hatten in Deutschland noch einen Receiver stehen, den wir bei unserem nächsten Ungarnbesuch mitnehmen wollten.

Später kam das Gespräch auf den Unfall vor unserer Haustür zu sprechen. Die beiden wussten genau, was passiert war. Unser Nachbar ist alt und gehbehindert. Ein Freund von ihm besucht ihn fast täglich und dann trinken sie selbstgebrannten

Palinka und Wein. Auch an dem Unfalltag hatten sie bereits sehr früh begonnen Alkohol zu konsumieren. Der Freund war scheinbar schon morgens um sieben Uhr da. Als er dann mit dem Auto wieder fahren wollte, hatte er beim Rückwärtsfahren ein Auto übersehen. Wie es kommen musste, fuhr der andere ihm ins Heck. Der Unfall an sich war gar nicht so schlimm. Der Besuch vom Nachbarn fuhr sein Auto wieder auf die Einfahrt. Da er bereits mehrmals alkoholisiert erwischt worden war und den Führerschein schon abgenommen bekommen hatte, bekam er Panik. Er lief beim Nachbarn ins Nebengebäude, nahm sich einen Strick und erhängte sich. Die Polizisten hatten später alles abgesucht ihn aber nicht gefunden. Erst mit Hilfe des Schäferhundes hatten sie ihn entdeckt.

Da wir gesehen hatten, dass jeden Morgen zwei Frauen mit gelben Warnwesten, Mülltüten und Müllgreifer Gehweg und Straßengräben vom Müll befreiten, fragten wir Anja, was es damit auf sich hat. Sie erzählte uns dass sämtliche Einwohner des Ortes, welche Sozialhilfe bekamen, drei Monate für die Gemeinde arbeiten mussten, sonst wurde das Geld gestrichen. Die Frauen reinigten die Straßen oder waren für Sozialarbeiten eingeteilt. Die Männer machten Bauarbeiten oder schnitten Bäume, Hecken und mähten Gras. Ferner erfuhren wir, dass für Schüler die dem Schulunterricht ohne ärztliches Attest fernblieben, das Kindergeld gekürzt und bei Wiederholung ganz gestrichen wurde.

Nach den spannenden Neuigkeiten riet uns Anja, das Thermalbad in Zalakaros zu besuchen. Das sind nur fünf Minuten von uns und es hat ein hervorragendes Heilwasser.

Gleich am nächsten Tag fuhren wir ins Thermalbad. Bei den Eintrittspreisen gibt es das Angebot, dass die letzten drei Stunden vor Schließung günstiger sind. Da das Bad bis 18 Uhr geöffnet hat, fuhren wir so, dass wir um kurz vor 15 Uhr da waren. Es gab verschiedene Preiskategorien. Die günstigste war nur das Heilbad, dann kam Heilbad und Erlebnisbad und schließlich noch die ersten beiden mit Sauna. Zusätzlich bestand die Möglichkeit, verschiedene Bäder und Massagen zu buchen.

Um sich im Bad besser zurecht zu finden, befanden sich auf dem Fußboden verschiedenfarbige Pfeile und die Ausschilderung war in Ungarisch, Deutsch und Englisch. Wir hatten die zweite Preisklasse genommen und folgten von den Umkleideräumen aus den Pfeilen Richtung Erlebnisbad. Hier gab es verschiedene Whirlpools, einen Strudel, eine Rutsche, sowie den Außenbereich. Zu bestimmten Zeiten wurde Wassergymnastik angeboten.

Das Wasser war angenehm temperiert, aber die Luft in der Halle war kühl. Auf dem Weg zum Freizeitbad hatte ich schon bereut, dass wir unsere Bademäntel in Deutschland gelassen hatten. Denn ich reagiere leider sehr empfindlich auf kühle oder nasskalte Temperaturen. Auch in Deutschland gab es nur wenige Bäder, in denen die Lufttemperatur so hoch war, dass die Muskeln nicht verkrampften, sobald ich aus dem Wasser kam.

Nachdem wir sämtliche Whirlpools benutzt hatten, wobei ich immer bemüht war nicht mehr als den Kopf aus dem Wasser zu strecken, machten wir uns auf den Weg ins

Heilwasser. Dorthin waren einige Meter zu laufen und ich vermisste meinen Bademantel sehr.

Es gab zwei Becken mit Heilwasser. An den Rändern waren gefliese Sitzbänke eingelassen und wir machten es uns in dem 38 Grad warmen Wasser bequem. Die empfohlene Badedauer betrug 20 Minuten, aber der Aufenthalt darin tat uns so gut, dass wir eine Stunde im Wasser blieben. Schließlich waren die drei Stunden auch schon fast rum und wir gingen zu den Duschen. Der Aufenthalt im Heilwasser hatte uns so gut getan, das wir beschlossen am Freitag, bevor wir zurück nach Deutschland fuhren, noch mal ins Thermalbad zu gehen.

Bei unserem erneuten Besuch im Bad verzichteten wir auf das Erlebnisbad, denn das Angenehme der Whirlpools wurde durch die kühle Luft wieder zunichtegemacht. Wir nahmen erneut den dreistündigen Aufenthalt, aber nur Heilwasser. Da wir nicht die ganze Zeit im Wasser bleiben konnten, legten wir uns zwischendurch auf eine Liege, die hier zahlreich standen. Die Luft in dieser Halle ist wärmer und wir deckten uns mit unseren Handtüchern zu. So, dass es erträglich war. Die Bademäntel hatten wir bereits ganz oben auf unsere To-do-Liste geschrieben, auf die alles kam, was wir beim nächsten Besuch mitnehmen wollten.

Wir hatten wieder eine sehr schöne Zeit in Ungarn. Lediglich unsere Kinder fehlten uns. Obwohl uns klar war, dass wir sie auch nicht gesehen hätten, wenn wir in Deutschland geblieben wären. Selbst jetzt, drei Jahre später, fehlen die Kinder und es wird heimlich so manche Träne verdrückt. Man macht sich immer seine Gedanken, dass es den Kindern auch gut gehen möge. In Gesprächen mit Bekannten stellten wir fest, dass es allen so geht. Das sollte jeder, der den Schritt des Auswanderns plant, egal wohin, bedenken.

Die Rückfahrt nach Deutschland verlief bei trockenen Straßen reibungslos. Drei bis vier kleinere Staus oder zäh fließenden Verkehr hat man ja immer auf dieser Strecke.

WIR INSERIEREN UNSER HAUS IN DEUTSCHLAND

Zurück in Deutschland kam schnell ein bereits bekanntes Gefühl auf. Heimweh nach Ungarn. Jetzt wurde es Zeit, unser Haus in Hirzenhain anzubieten. Wir machten Bilder von Haus und Garten und setzten es bei eBay rein. Schnell meldeten sich die ersten Interessenten, aber alle waren der Meinung, sie könnten den Preis drücken. Uns war klar das Hirzenhain von der Infrastruktur nicht unbedingt ein Sahnestück war, aber es ist sehr schön gelegen und außer Arbeit, ist hier alles, was man braucht. Da wir nicht unbedingt sofort verkaufen mussten und zwei Jahre eingeplant hatten, konnten wir in Ruhe abwarten.

Ein Mann war darunter, der unser Haus gern kaufen wollte. Um sich nicht zu verschulden, musste er vorher sein Haus verkaufen. Er hatte einen großen Bauernhof und wollte sich verkleinern. Wir sagten ihm, dass wir das Haus weiter anbieten werden. Falls es nicht verkauft ist bis er seins veräußert hatte, kann er sich gern wieder melden.

Schließlich meldete sich ein Frankfurter, der bald in Rente geht und gern seinen Altersruhesitz auf dem Land hätte. Er war ganz begeistert von der Lage und der Ruhe. Jedoch überzeugte ihn sein Bänker in Frankfurt, dass es besser ist, in Frankfurt eine Eigentumswohnung zu kaufen. Da die Bank eigene Makler hatte, verkauften sie ihm gleich die passende Wohnung. Daran verdienten sie natürlich viel mehr.

Mitte März war der nächste Besuch in Ungarn geplant. Die

Zeit rückte näher und wir beschlossen den Hausverkauf an unseren Makler abzugeben, von dem wir das Haus vor zweieinhalb Jahren gekauft hatten. Wir machten einen Vertrag mit ihm und nahmen unsere eBay Anzeige aus dem Netz.

Inzwischen hatten wir uns einen Anhänger gekauft. Einen Tag bevor wir wieder nach Ungarn fuhren, waren wir gerade dabei den Hänger zu beladen, kam eine Bekannte zu uns und sagte, sie hätte jemanden der sich für unser Haus interessiert. Wir sagten ihr, dass ihre Bekannte gern noch vorbei kommen kann, um sich das Haus anzusehen.

Die Frau kam kurze Zeit später und sah sich alles an. Sie wohnte bereits im Ort, hatte aber Ärger mit ihrem Vermieter und wollte unbedingt aus ihrer Wohnung raus. Da sie überwiegend von zu Hause aus arbeiten konnte und ein Pferd in der Nähe auf einem Hof stehen hatte, war unser Haus optimal für sie.

Wir gaben ihr die Adresse des Maklers, informierten auch ihn, dass sich die Frau bei ihm melden würde und waren gespannt, was daraus wurde. Natürlich hätte sie das Haus lieber ohne Makler gekauft, aber wir hatten inzwischen an ihn abgegeben und da ließ sich jetzt nichts mehr ändern.

DAS GRUNDSTÜCK IN UNGARN HERRICHTEN

Zurück in Ungarn hatten wir einiges zu tun. Alte, vertrocknete Blumen mussten wir entfernen. Am Zaun unter dem riesigen Walnussbaum wuchsen Sträucher wild durcheinander. Neben einigen uns nicht bekannten Büschen auch Brombeeren und Holunder. Dies galt es alles zu kürzen oder gar zu roden. Links und rechts neben dem Brunnen standen zwei große Rosen, die zurückgeschnitten werden mussten. Im äußeren, nicht eingezäunten Teil unseres Grundstücks war seit langem nichts gemacht worden. Es war so dicht und wild bewachsen, dass ich nicht mit dem elektrischen Trimmer durchkam. Wenn wir wieder in Deutschland waren, würde ich mir einen Motortrimmer besorgen müssen.

Am Samstag fuhren wir zum Stammtisch im deutschen Hofladen, wo wir bereits im Januar die leckeren Würste gekauft hatten. Uwe machte meist einmal im Monat einen Stammtisch. Er hatte einen langen Verkaufsstand aufgebaut. Dort bot er seine Würste, Eier und selbstgemachtem Ziegenkäse an. Dann war noch ein Stand, an dem ein Ungar Honig aus eigener Herstellung verkaufte. Und im Pavillon hatte ein deutsches Ehepaar eine Kuchentheke. Hier wurde Kuchen, Brot und Kaffee angeboten. Am Ende der ganzen Reihe hatte Uwe einen großen Grill stehen und daneben stand ein Tisch mit verschiedenen Salaten.

Wir ließen es uns bei Steak, Bratwurst und Kartoffelsalat aus eigener Herstellung gut gehen. Obwohl zum Grillen ein Bier am besten schmeckt, trank ich eine Cola, denn an die null Promille sollte man sich hier unbedingt halten. Die Veranstaltung war gut besucht. Nach ein paar netten Gesprächen kauften wir uns noch zwei Salami, sowie ein paar von den Bratwürstchen und dann machten wir uns auf den Heimweg nach Zalakomar.

Da das Wetter schon frühlingshaft warm war, konnten wir die anfallenden Gartenarbeiten gut erledigen. Einen Tag nutzten wir zu einem Ausflug an den Balaton. Wir fuhren nach Balatonmariafürdö. Hier nahmen wir den Weg zu einem öffentlichen Bad, welches jetzt noch geschlossen war. Es gab eine lange Mole, auf der wir weit in den Balaton spazieren konnten. Angler saßen auf ihren Klappstühlen und nutzten diese Mole, um ihr Mittagessen zu fangen. An einer Stelle schlingerte eine Wasserschlange durch das seichte Gewässer und verschwand zwischen den Steinen der Uferbefestigung.

Von der Mole zurückgekommen, setzten wir uns auf eine der Bänke, die im Bad zwischen Liegewiese und Strand standen. Von hier konnten wir die Schwäne beobachten, die im Schlick nach Nahrung suchten. Auf der gegenüberliegenden Seite ragten die Hügel der Nordseite in den blauen Himmel. Hier konnten wir herrlich die Seele baumeln lassen und entspannen.

Auf dem Weg hierher, hatten wir kurz bevor es abging zum Bad, ein Schild mit der Aufschrift Langos gesehen. Zum Mittagessen kehrten wir dort ein und bestellten uns Langos mit Sauerrahm, Käse und Schinken für ungefähr zwei Euro. Wir verzehrten sie draußen auf der Terrasse unter den Bäumen und sie waren ausgesprochen lecker. Am Nebentisch hatten sich ein paar Radfahrer niedergelassen und wir lauschten erfolglos, ob wir ein Wort, von den wenigen die wir bisher kannten, aufschnappten.

Georg hatte uns erzählt, dass die Hausbesitzer die Fläche vor ihren Häusern bis zur Straße pflegen müssen und bei nicht Einhaltung sogar Strafe droht. Daher mähte ich am letzten Tag unseres Aufenthalts noch den Rasen vorm Haus und schnitt mit dem Trimmer die Böschung des Grabens frei. Auch auf dem eingezäunten Teil des Grundstücks war das Gras bereits so hoch, dass ich es mähen musste.

Eigentlich wollten wir erst im Mai wieder hierher zurückkommen. Aber da das Gras hier gerade im Frühjahr so schnell wächst, wollten wir versuchen, dass wir im April nach Ungarn kommen. Außerdem war uns klar, dass wir wieder Heimweh hierher bekommen.

Schnell hatte uns der Alltag in Deutschland eingeholt. Nach jedem Besuch in Ungarn empfanden wir den Unterschied in der Lebensqualität zwischen den beiden Ländern größer, fast erschreckender. Sicherlich, in Deutschland ist das Leben meist moderner und luxuriöser. Aber macht einen das unbedingt glücklicher?

Jeder Mensch hat sein eigenes Empfinden, was für ihn wichtig ist und was Lebensqualität bedeutet. Sicherlich wäre unser Empfinden auch anders, wenn wir gesund wären. Früher hat uns das quirlige Leben und die Hektik auch nichts ausgemacht. Mittlerweile kommen wir nicht mehr damit klar. Jetzt bedeutet für uns Lebensqualität Ruhe, Entspannung und freundliche Menschen um uns rum. Das in Ungarn ein Termin, zum Beispiel eines Handwerkers, nicht unbedingt eingehalten wird, daran gewöhnt man sich.

UNSER HAUS IN DEUTSCHLAND SCHNELL VERKAUFT

Am Tag, nachdem wir zurück waren, kam die Interessentin zu uns und brachte einen Fachmann mit. Dieser sollte sich alles ansehen, ob auch keine versteckten Mängel bestanden. Aber wir hatten, nachdem wir das Haus vor zweieinhalb Jahren gekauft hatten, erst alles in Ordnung gemacht. Damit war für sie klar, dass sie unser Haus nimmt. Der Preis stand fest und sie akzeptierte ihn, lediglich über einen Übergabetermin mussten wir uns einigen. Sie wollte am liebsten schon zum 30. April, aber das ging uns zu schnell. Uns war es lieber zum 30. September, da der Umzug nach Ungarn nicht so einfach war. Letztendlich einigten wir uns auf den 30. Juni. Im Nachhinein erkannten wir, dass später besser gewesen wäre.

Der Makler organisierte den Notartermin für uns und wir klärten mit der Bank die Hypothekenablösung. Mitte April war notariell alles erledigt und wir informierten unsere Familien darüber, dass wir ab 1. Juli fest in Ungarn sind. Anschließend ging es direkt wieder mit vollgepacktem Auto, Dachgepäckträger und Anhänger nach Zalakomar.

Das Wetter war herrlich. Blauer Himmel und frühlingshafte Temperaturen ließen uns die ganzen Tage im Garten arbeiten. Auch für Balu war das ein Paradies. Er hatte Platz zum Toben und in den Nachbargärten gab es viel zu entdecken. Es liefen Hühner und Enten herum und irgendwo krähte zwischendurch immer wieder ein Hahn. Ein paar Gärten weiter spielten nachmittags nach der Schule Kinder und verschiedene Katzen verirrten sich manchmal zu uns. Als es wieder zurück nach Deutschland ging und wir die Sachen packten und alles im Auto verstauten, war Balu plötzlich verschwunden. Alles rufen und locken half nichts, er war nicht aufzufinden. Nach langem Suchen hatten wir ihn dann entdeckt. Er lag in der Küche in der hintersten Ecke unter der Sitzbank und bewegte sich keinen Millimeter. Scheinbar ging es ihm wie uns, denn auch wir wären am liebsten gleich ganz hier geblieben. Es nutzte alles nichts, wir mussten zurück nach Deutschland und Balu musste mit.

Jetzt ging es darum bis Ende Juni unseren kompletten Hausstand, Möbel, Werkzeug und Gartengeräte nach Ungarn zu bringen. Mitte Mai und Mitte Juni kamen noch zwei vollgepackte Fahrten hinzu.

Bei unserem Aufenthalt im Mai saßen wir eines Abends beim Abendessen auf unserer Veranda. Plötzlich liefen neun kleine Enten über unseren Hof. Glücklicherweise hatte Balu sie nicht bemerkt, sonst hätte er sie gleich gejagt. Während Carmen Balu festhielt, sah ich nach, wo sie hingelaufen waren. Sie hatten sich hinter dem Betonzaun bei den Schweineställen in eine Ecke verkrochen.

Dann stand unsere Nachbarin aus dem Haus rechts von uns an unserem Hoftor. Mir war klar, dass sie die Entlein suchte. Sie sagte ständig piep piep und sah mich dabei fragend an. Ich öffnete das Tor und während sie die Enten aus der Ecke trieb, sah ich nach, wo sie durchgekommen waren. Am Zaun entdeckte ich ein kleines Loch. Dort hindurch bugsierten wir die Tierchen wieder zurück aufs Nachbargrundstück. Anschließend stellte ich ein paar Bretter vor das Loch im Zaun.

Im Juni hatten wir geplant, dass wir zum 10. Juni nach Ungarn fahren und am 18. Juni zurück in Deutschland sind. Unsere letzten Sachen packen und die Möbel abbauen. Am 26. morgens um 8 Uhr den Transporter holen und anschließend alles darin verstauen. Am 27. wollten wir nach Ungarn fahren, alles ausladen und am 29. Zurück nach Deutschland.

BEIM AMT IN ZALAEGERSZEG

Unseren Juniaufenthalt nutzten wir, um die Daueraufent-haltsgenehmigung und die Wohnsitzkarte zu beantragen. Bereits im Vorfeld recherchierte ich von Deutschland aus im Internet, was ich machen musste. Auf der Seite der „bmbah.hu" hatte ich mir einen Termin in Zalaegerszeg im zuständigen Amt geben lassen. Da vor Ort ein Vordruck ausgefüllt werden musste und wir nicht mangels Sprachkenntnissen daran scheitern wollten, druckte ich mir diesen aus. Dann ließ ich ihn mir per Google übersetzen und füllte alles aus.

Bei der bmbah waren vier Schalter. Ich meldete mich bei einer jungen Frau an. Da sie kein Deutsch sprach, rief sie einen Kollegen. Dieser erklärte uns, dass wir Platz nehmen sollten und er uns dann aufruft.

Während wir warteten, sahen wir, dass mehrere junge Männer mit einer Dolmetscherin dort waren. In dem Raum stand an der linken Wand eine Fotokabine. Hier musste einer nach dem anderen ein Passbild machen und anschließend füllten sie mit Hilfe der Übersetzerin Vordrucke aus.

Als wir dran waren, sagte uns der Mitarbeiter, dass es sich bei den Männern um Studenten handelte. Wir legten unseren bereits ausgefüllten Vordruck und unsere Ausweise, den Kaufvertrag vom Haus, sowie eine dreitausend Forint Wert-marke vor. Die Marke hatten wir uns vorher bei der Post in Zalakomar geholt. Unsere Unterlagen wurden kontrolliert und kopiert. Dann mussten wir noch unterschreiben und das war es schon. Die Kopien und der Vordruck wurden nach

Budapest geschickt. Zwei Wochen später sollten unsere Wohnsitzkarte und Daueraufenthaltsgenehmigung per Einschreiben kommen. Dank der netten Mitarbeiter im Amt ging alles reibungslos und ohne Probleme vonstatten.

Eines Nachmittags, wir waren gerade mit dem Blumenbeet neben der Einfahrt beschäftigt, kam unsere Nachbarin von schräg gegenüber auf der anderen Straßenseite. Sie stand mit ihrer vierjährigen Tochter vorm Tor. Carmen öffnete ihnen und bekam eine Blume zur Begrüßung von den beiden geschenkt. Dann gingen die drei zu deren Haus. Von meiner Frau erfuhr ich später, dass die Nachbarin ein wenig Deutsch sprach und die Tochter wollte meiner Frau unbedingt ihr Zimmer zeigen. Bei dieser Gelegenheit hatte meine Frau gleich gefragt, ob der Mann am 28. Juni beim ausladen unseres Transporters helfen kann. Falls er nicht so spät von der Arbeit kommt, sei das kein Problem, antwortete die Nachbarin.

Balu brachten wir für die nächsten zwei Wochen in eine Hundepension in Nagykanizsa. Denn beim Umzug konnten wir uns nicht um ihn kümmern.

REIFENSCHADEN

Mit der pünktlichen Rückfahrt wurde es leider nichts. Als wir Samstagmittag losfahren wollten, fuhr ich über ein Eisenteil, welches den Reifen vorne rechts aufschlitzte. Da wir aufgrund der Gasanlage kein Reserverad dabei hatten, wurde es problematisch. Ich lief um unser Auto, das auf der Straße stand, um den Schaden zu besichtigen. Da kam vom Haus schräg gegenüber der Mann dazu. Er sprach zwar kein Deutsch, aber ich verstand, dass er helfen wollte. Auch der Nachbar, der direkt gegenüber wohnte, kam dazu. Aber auch wir konnten uns nicht verständigen. Ohne Ersatzrad konnte uns sowieso niemand helfen. Also fuhr ich das Auto mit dem platten Reifen zurück auf den Hof und versuchte Georg zu erreichen. Der hielt sich aber zurzeit in Deutschland auf und somit mussten wir erst mal abwarten was passiert.

Ich bockte das Fahrzeug hoch und baute das kaputte Rad ab. Da ich unsere Schubkarre bereits mit hierher genommen hatte, packte ich den Reifen darauf und am Montagmorgen wollte ich damit zur Werkstatt schieben. Dort hatten wir im November schon einmal einen Reifen reparieren lassen.

Am Abend kamen unser Nachbar von gegenüber und seine Frau aus Nagykanizsa von der Arbeit. Sie kamen gleich herüber zu uns, um zu sehen, ob sie uns helfen können. Da wir bisher außer einem Gruß über die Straße noch nichts miteinander zu tun hatten, erfuhren wir erst jetzt, dass sie etwas Deutsch spricht. Wir stellten uns erst mal gegenseitig vor. Ihr Name ist Agota, sie wird Agi genannt und sein Name lautet Gyözö.

Dann erzählten wir, dass wir schon auf dem Weg nach Deutschland sein wollten, da wir am 30. Juni unseren kompletten Umzug fertig haben mussten. Gyözö bot an mit mir nach Nagykanizsa zum Tesco zu fahren und einen neuen Reifen zu holen. Leider half uns das nicht weiter, da vor Montag keine Werkstatt offen hatte, die den Reifen montieren konnte.

Nun telefonierte er kurz und seine Frau erklärte uns, dass er mit seinem Chef gesprochen hatte. Er würde am Montag später anfangen zu arbeiten und gleich früh mit mir in die Werkstatt fahren, damit der Reifen gewechselt werden konnte. Die ganze Unterhaltung war nicht so einfach, wie es sich anhört. Denn Agi konnte auch nicht so gut Deutsch und wir nutzten Hände, Füße und Wörterbuch, bis alles verstanden war.

Gyözö hatte in seinem Schuppen noch mehrere Reifen liegen und er schaute am Sonntag, ob er einen passenden dabei hatte. Leider war die Suche vergeblich. Dann telefonierte er noch mit Familie und Bekannten, aber auch dort hatten wir kein Glück. Es blieb uns nichts anderes übrig, als am Montag in die Werkstatt zu fahren.

Da die Reifen abgefahren waren und sowieso getauscht werden mussten, schraubte ich auch das linke Vorderrad ab. So hatte ich auf der Achse zwei gleiche neue Reifen. Dies war für die Fahrsicherheit besser.

Zur Öffnung um acht Uhr Montagmorgen standen wir mit den beiden Rädern vor der Werkstatt. Gyözö unterhielt sich mit dem Monteur und erklärte mir dann, dass die neuen Reifen frühestens am späten Nachmittag geliefert werden.

Damit wir nicht so viel Zeit verlieren, fuhr er mit mir nach Kiskanizsa. Das ist ein Ortsteil von Nagykanizsa und dort war ein Reifenhandel. Ich kaufte zwei Reifen und zurück in der Werkstatt wurden sie sofort montiert. Um halb elf hatte ich die beiden Räder wieder an unser Auto geschraubt und wir konnten zurück nach Deutschland fahren. Damit wir schneller vorankamen, ließen wir den Anhänger in Ungarn, denn wir waren der Meinung, dass unsere Sachen in den Transporter passen.

Da nun unsere letzte Woche in Deutschland kam, mussten wir uns im Rathaus abmelden. Dies ging reibungslos vonstatten. Im Ausweis wurde, wo normalerweise die Adresse steht, vermerkt, dass wir keinen Aufenthaltsort in Deutschland haben. Dies wurde gestempelt, signiert und mit einer Folie abgeklebt.

Am Samstag trafen wir uns mit meinen Töchtern und dem Freund der Älteren in Frankfurt zu einem Abschiedsfrühstück. Das war nochmal emotional ein schwerer Gang. Als wir uns voneinander verabschiedeten, flossen die Tränen in Strömen. Für einen Moment kamen Zweifel auf, ob es richtig war, nach Ungarn zu ziehen. Aber wir hatten uns vorher auch mehrere Monate nicht gesehen. Uns war klar, wenn wir in Deutschland geblieben wären, würden wir uns auch nur selten sehen. Zum Glück hatten wir noch viel Arbeit mit Packen und so blieb keine Zeit zum Grübeln.

Durch den Reifenschaden waren uns volle zwei Tage verloren gegangen. Dadurch wurden wir mit dem Packen und auseinanderbauen der Möbel auf den letzten Drücker fertig.

DER UMZUG

Pünktlich um acht Uhr am 26. Juni waren wir bei der Auto-vermietung. Der bestellte Transporter war nicht vor Ort. Da niemand wusste wann das Fahrzeug eintrifft, boten sie uns an, den Transporter zu uns zu bringen. Wir saßen wie auf heißen Kohlen. Um 14 Uhr kam das Fahrzeug endlich. Durch den Verzug waren uns fünf Stunden verloren gegangen. Bekannte wollten um zwölf Uhr bei uns sein, um beim Laden zu helfen. Auch das klappte nicht. Sie kamen um 17 Uhr und halfen noch schnell die schwersten Sachen ins Fahrzeug zu bringen und dann waren sie wieder verschwunden. Trotzdem waren wir froh, dass wir bei der schwierigen Last Hilfe hatten.

Es wurde 23 Uhr, bis der Transporter bis unters Dach beladen war. Dadurch das wir nur zu zweit waren und uns ran halten mussten, wurde nicht so gut gestapelt. Es blieben noch einige Kleinteile stehen, die nicht mehr hinein passten.

Da alle Möbel abgebaut und verstaut waren, hatten wir uns zum Schlafen ein aufblasbares Gästebett besorgt. Dieses blieb stehen, bis wir unsere letzte Nacht vor der Übergabe hier verbracht hatten.

Am nächsten Morgen fuhren wir nach Ungarn. Für die Sachen die stehen geblieben waren, mussten wir sehen, ob wir sie bei Bekannten lassen und im Herbst holen konnten. Vielleicht fanden wir noch eine andere Lösung.

In Ungarn angekommen, ruhten wir uns erst mal ein paar

Stunden. Dann luden wir die kleinen und leichten Sachen aus. Nachdem der Transporter bis auf die großen und schweren Möbel leer war, warteten wir darauf, dass der Nachbar von der Arbeit kam. Aber es tat sich nichts. Langsam wurden wir ungeduldig, denn allein hatten wir keine Chance das Fahrzeug leer zu bekommen.

Irgendwann kam Gyözö von der Arbeit. Er hatte gesehen das der Transporter in der Einfahrt stand und kam sofort rüber zu uns. Obwohl wir auf den anderen Nachbarn gewartet hatten, waren wir froh das Gyözö mit anpackte. So hatten wir unsere Möbel bald im Haus untergebracht.

Nachdem Gyözö wieder gegangen war, kam mir der Gedanke den Anhänger im Transporter mit nach Deutschland zu nehmen. Schnell hatte ich ausgemessen, ob er rein passte. Dann legten wir zwei Holzbohlen hinten an das Fahrzeug, auf denen wir den Hänger hineinschieben konnten. Er passte genau. Ich zurrte ihn noch gut fest, damit er während der Fahrt nicht hin und her schleudern konnte. Nachdem alles erledigt war, legten wir uns ein paar Stunden schlafen.

ÜBERRASCHUNG AN DER GRENZE

Auf der Rückfahrt nach Deutschland standen an der ungarisch-österreichischen Grenze österreichische Grenzer mit Gewehren und kontrollierten die Fahrzeuge. Obwohl wir diesen Grenzübergang schon oft passiert hatten, hatten wir noch nie Kontrollen gesehen.

Guten Gewissens fuhr ich auf die Kontrollstelle zu. Dort stand eine Grenzpolizistin und hatte den linken Arm ausgestreckt Richtung Österreich und winkte mit der rechten Hand die Fahrzeuge langsam vorbei. Schritttempo fuhren wir auf sie zu und sie winkte immer noch. Scheinbar hatte sie aber den ausgestreckten Arm unwesentlich zur Seite Richtung Standstreifen verschoben. Dies war mir jedoch nicht aufgefallen. Da sie mit der rechten Hand immer noch das Zeichen zum weiter fahren gab, fuhr ich langsam weiter.

Plötzlich war lautes Geschrei zu hören und ein Polizist mit der Waffe im Anschlag sprang vor unser Fahrzeug. Der Schreck fuhr uns in die Glieder und reflexartig stemmte ich meine Beine auf Bremspedal und Kupplung. Mit einem Ruck wurden wir in die Sicherheitsgurte gedrückt und der Transporter stand. Der Polizist zeigte uns, dass wir an die Seite fahren sollten. Vor lauter Aufregung wusste ich im ersten Moment nicht was los war und es dauerte einen Augenblick bis ich das Fahrzeug in Bewegung bekam.

Mit schlotternden Knien stieg ich aus dem Auto und stammelte eine Entschuldigung. Ich versuchte zu erklären, dass ich dachte, die Kollegin hätte uns durchgewunken. Der

Beamte war sehr nett und meinte, es wäre ja nichts passiert. Er warf einen Blick in den Laderaum, dann konnten wir weiter fahren.

In Hirzenhain angekommen, wuchteten wir den Anhänger von der Ladefläche. Zum Abendbrot und den nächsten Morgen zum Frühstück holten wir uns aus dem EDEKA Markt Brötchen und Aufschnitt. Wir waren so fertig, dass wir nach dem Essen nur noch auf das Gästebett fielen und sofort einschliefen.

Am nächsten Morgen luden wir Anhänger und Kofferraum voll. Ein paar Sachen, die nicht wichtig waren, ließen wir stehen. Die Käuferin hatte uns zugesagt, dass sie den Rest entsorgt. Anschließend machten wir das Haus sauber und warteten auf die Autovermietung, die den Transporter abholen wollten.

Eigentlich hatten wir geplant, uns von unseren Bekannten im Ort zu verabschieden. Aber wir waren so kaputt, dass wir die Zeit nutzten, uns nochmal auf dem Gästebett auszuruhen, bevor wir auch dies abbauten.

Am Mittag kam die Käuferin. Wir gingen ein letztes Mal mit ihr durch das Haus und über das Grundstück und sie kontrollierte, ob alles in Ordnung ist. Bevor wir uns von ihr verabschiedeten notierten wir die Zählerstände von Wasser und Strom auf dem Übergabeprotokoll. Dann ging es zurück in unser neues Heim.

Am Nachmittag des 1. Juli kamen wir in Zalakomar an. Wir

stellten nur den Hänger im Hof ab, machten den Kofferraum leer und dann holten wir Balu aus der Tierpension. Die Besitzerin der Pension hatte gleichzeitig einen Hundesalon. Sie hatte sich liebevoll um Balu gekümmert und ihn auch gebadet. Man sah, dass er sich wohlgefühlt hatte.

Da wir das Haus komplett eingerichtet hatten, ließen wir es vorerst wie es war. Unsere Möbel aus Deutschland waren größtenteils im Gästezimmer und in der Veranda abgestellt. In den folgenden Tagen ließen wir alles stehen. Die letzten Wochen waren hart genug für uns und wir brauchten eine Woche uns zu erholen.

Dann tauschten wir nach und nach die Möbel aus. Im Schlafzimmer bauten wir das vorhandene Bett ab und unseres auf. Da genug Platz war, ließen wir den Kleiderschrank stehen und stellten unseren dazu.

Das Wohnzimmer wechselten wir komplett aus. Die Möbel aus dem Gästezimmer gaben wir an Zigeuner und stellten die Sachen aus dem Wohnzimmer hinein. Die Küche ließen wir wie sie war, denn die aus dem Haus in Deutschland hatten wir dort gelassen.

EIN DURCHGEFAULTER BODEN

Nachdem wir ein paar Wochen in Ungarn gewohnt hatten, stellte ich fest, dass der Boden im Schlafzimmer beim Betreten nachgab. Bevor wir den Kaufvertrag unterschrieben hatten, hatte ich die Teppichfliesen hochgenommen und darunter nachgesehen. Dabei stellte ich fest, dass dort neue OSB Platten verlegt waren. Der Verkäufer hatte uns versichert, dass dort alles erneuert worden war.

Da der Boden nachgab, nahm ich die vorderen Fließen hoch und schraubte die erste OSB Platte ab. Was darunter zum Vorschein kam, war erschreckend. Die Platten waren auf den alten fauligen und vergammelten Holzdielenboden geschraubt. Inzwischen waren die Dielen so durchgefault, dass sie keinen Halt mehr gaben.

Als ich Georg auf den Pfusch ansprach, erklärte er, das er seinen Arbeiter beauftragt habe alles vernünftig zu sanieren. Die Dielen darunter seien nicht mehr schön, aber noch in Ordnung gewesen.

Es nutzte alles nichts, wir mussten das komplette Schlafzimmer abbauen, den Teppich, die Platten, die Dielen und den Unterbau rausschmeißen und alles neu machen. Dabei sah ich, dass in den Ecken die neuen OSB Platten bereits faulten. Das bestärkte mich in der Annahme, dass darunter vorher schon alles faul war.

Gut das wir so tolle Nachbarn haben. Gyözö bot sich sofort an zu helfen. Er sprach mit seinem Schwager, der auch mit anfassen wollte. Dann organisierte er Kies und einen Beton-mischer. Drei Wochen später wollten wir an einem Sonntag-vormittag den Betonfußboden verlegen.

Bis dahin musste ich alles vorbereiten. Unter den alten ver-rotteten Dielen war eine Sandschicht und darunter war Erde. Ich trug alles bis in eine Tiefe von fünfzig Zentimeter ab. Dann brachte ich eine fünfundzwanzig Zentimeter Kies-schicht auf. Darauf verlegte ich eine Spezialfolie für die Feuchtigkeitssperre.

An dem besagten Sonntag standen Gyözö und sein Schwager Andras pünktlich um sieben Uhr vor der Tür. Schnell war der Betonmischer angeschlossen und schon ging es los. Gyözö und ich mischten den Beton an und fuhren ihn mit einer Schubkarre bis ins Schlafzimmer. Andras stand innen, ver-teilte den Beton und sorgte dafür, dass es eine ebene Fläche wurde. Da ich aus gesundheitlichen Gründen nicht schwer arbeiten kann, erledigten die beiden die meiste Arbeit.

Wir hatten nicht lange gearbeitet, da rief Gyözö sein Chef an. Er sollte an dem Morgen noch eine Tour fahren. Ich hatte schon die Befürchtung, dass wir mitten in der Arbeit auf-hören mussten. Aber er beruhigte mich, dass wir hier erst alles fertig machen.

Gyözo arbeitete als Fahrer für eine Firma, die Geschäfte, Hotels und Restaurants mit Lebensmittel beliefert. Normaler-weise brauchte er Sonntag nicht arbeiten. Ausgerechnet heute hatte sich wohl ein Hotel verkalkuliert und kurzfristig Waren nachbestellt.

Eigentlich hatte ich damit gerechnet, dass es Nachmittag wird, bis wir fertig werden. Carmen hatte extra für uns Mittagessen vorbereitet. Aber um halb elf war alles erledigt. Der Mischer war sauber und auf unserem Hof alles wieder aufgeräumt. Das hatte super geklappt mit uns dreien.

Als ich fragte was sie für ihre Hilfe bekommen, wollte Gyözö nichts haben. Er meinte, unter Nachbarn hilft man sich so. Andras wollte umgerechnet zehn Euro für seine Arbeit. Ich gab ihm fünfzehn und er strahlte wie ein kleines Kind über ein tolles Geschenk. Wir waren überglücklich, dass alles so super geklappt hatte.

In den nächsten Wochen ließen wir tagsüber Türen und Fenster offen, damit alles gut trocknen konnte. Nachdem alles getrocknet war, strichen wir die Wände und anschließend verlegte ich Laminat. Endlich konnten wir das Zimmer wieder einräumen. In den zwei Monaten, bis das Schlafzimmer erneut beziehbar war, schliefen wir im Wohnzimmer auf der Couch. Das war für die kurze Zeit in Ordnung, aber wir waren froh, als wir endlich wieder in unseren Betten schlafen konnten.

DAUERAUFENTHALTSGENEHMIGUNG

Nachdem dies erledigt war, fiel uns ein, dass wir unsere Aufenthaltsgenehmigung und Wohnsitzkarte noch nicht bekommen hatten. Wir gingen zum Rathaus von Zalakomar. Im Eingangsbereich saß ein Pförtner, den wir nach einem Deutsch sprechenden Kollegen fragten. Leider war zurzeit niemand anwesend. Aber er schickte uns in Zimmer sieben im ersten Stock. Auf Englisch erklärte ich einem Mitarbeiter worum es ging und er schickte uns zum Gemeindebüro in Zalakaros. Da Zalakomar Dorfrecht hat, können sie diese Angelegenheit nicht erledigen. Zalakaros hat Stadtrecht und kann Ausweise bearbeiten.

Also fuhren wir nach Zalakaros und fragten dort im Gemeinde-büro nach. Leider sprach niemand von den Mitarbeitern Deutsch. Glücklicherweise stellte sich ein wartender Bürger als Übersetzer zur Verfügung. Die Gemeindemitarbeiterin telefonierte mit Budapest. Dann erklärte sie uns, dass die Post die Karten bereits bei uns abgeben wollte, aber niemanden erreicht hat. Daher wurden die Dokumente zurück nach Budapest geschickt und wir müssten sie jetzt persönlich dort abholen.

Unser nächster Weg war erneut die Gemeinde in Zalakomar. Diesmal rief der Pförtner eine nette Deutsch sprechende Dame. Nachdem wir ihr alles geschildert hatten, setzte sie sich an ihren Computer und schrieb dem Amt in Budapest eine Mail. Dann sagte sie uns dass die Wohnsitzkarte und die Karte mit der unser Daueraufenthalt bestätigt wird uns in den nächsten Tagen geschickt werden.

Ein paar Tage später, wir saßen gerade beim Frühstück auf der Terrasse, kam ein Gemeindemitarbeiter mit dem Fahrrad angefahren und brachte die ersehnten Dokumente. Wir bestätigten ihm den Empfang und unser Daueraufenthalt war offiziell.

KRANKENVERSICHERUNG IN UNGARN

Jetzt wurde es Zeit dass wir uns bei der ungarischen Krankenkasse anmeldeten. Bereits bevor wir das Haus gekauft hatten, hatten wir uns bei unserer Kasse informiert wie wir als Rentner im Ausland versichert sind. Wir blieben Mitglied in der gesetzlichen Krankenkasse in Deutschland. Mussten uns aber bei der hiesigen Kasse registrieren und die verrechneten die Behandlungen mit unserer Krankenkasse.

Um uns hier anmelden zu können, benötigten wir die Anspruchsbescheinigung E121, welche wir der ungarischen Versicherung vorlegen mussten. Diese Bescheinigung hatten wir uns rechtzeitig besorgt. Jetzt fehlte uns die Adresse zum Anmelden in Ungarn.

In den verschiedenen Foren im Internet wurden so viele Kassen und Adressen genannt, dass niemand da durchsteigen konnte. Daher fragten wir bei unserer Kasse nach und die schickten uns die Anschrift für die für uns zuständige Versicherung.

Wieder mussten wir nach Zalaegerszeg. Bei dem Amt angekommen, stand links ein Automat, an welchem wir den Grund unseres Anliegens angeben mussten und dann hätten wir eine Nummer bekommen. Ratlos standen wir davor, denn alles war in Ungarisch.

Ein Pförtner hatte bemerkt, dass wir nicht wussten, was zu tun ist und kam zu uns. Leider sprach er nur Ungarisch. Er bedeutete uns, dass wir warten sollten. Dann verschwand er hinter einer Glastür und wir sahen, dass er telefonierte.

Eine Minute später kam ein Mann auf uns zu und fragte uns auf Deutsch, ob er uns helfen könne.

Nachdem wir erklärt hatten, weshalb wir da waren, zog er für uns eine Nummer und sagte, dass wir kurz warten sollten. Als er kurze Zeit später zurückkam, nahm er uns mit, zeigte auf eine Beraterin und sagte, wenn unsere Nummer gezogen wird, sollen wir zu ihr gehen.

Der Wartebereich war voller Menschen und es dauerte über eine Stunde, bis wir endlich dran waren. Die Dame, zu der wir gehen sollten, telefonierte kurz und gleich darauf kam der nette Herr wieder und übersetzte alles für uns. Gemeinsam füllten wir einige Papiere aus, aber dann stellte sich heraus, dass noch etwas fehlte. Wir mussten aber nicht nochmal nach Zalaegerszeg fahren, sondern konnten es in der Zweigstelle in Nagykanizsa abgeben. Von dort würde es von ihrem Kurier, der einmal die Woche interne Post mit den Zweigstellen austauscht, mitgenommen. Wir bedankten uns bei den beiden und waren froh, dass uns bei den Ämtern so super geholfen wurde.

Ein paar Tage später bei der Zweigstelle in Nagykanizsa war nicht viel Betrieb und wir kamen zügig dran. Da niemand Deutsch sprach, riefen sie bei einer anderen Firma, welche sich auch hier im Gebäude befand, an. Von dort kam eine nette Frau und sie übersetzte alles für uns. Dann gab sie uns ihre Telefonnummer und sagte, dass wir sie jederzeit um Hilfe bitten können, wenn wir einen Dolmetscher brauchen.

Es ist unglaublich, auf welche Hilfsbereitschaft wir in Ungarn getroffen sind.

DAS AUTO UMMELDEN

Bis hierher hatte alles super geklappt. Jetzt mussten wir noch unser Auto ummelden. Im Internet fand ich verschiedene Versionen wo und wie man ein in Deutschland gemeldetes Auto in Ungarn anmelden kann.

Da Georg manchmal Autos von Deutschland holte um sie hier anzumelden und zu verkaufen, fragten wir ihn. Wie in Deutschland brauchten wir erst mal eine elektronische Versicherungsbestätigungsnummer. Dann mussten wir zum TÜV, anschließend zum Zoll und dann zur Zulassungsstelle. Das hörte sich erst mal kompliziert an, so viele Anlaufstellen ohne Sprachkenntnisse. Aber wir hatten Glück. Georg hatte gerade selbst ein Fahrzeug aus Deutschland zum ummelden hier. Zum Zoll und zur Zulassungsstelle konnten wir zusammen fahren. Nur zum TÜV nach Zalaegerszeg mussten wir allein. Da man beim TÜV einen Termin braucht, machte Anja den Termin für uns. In der kommenden Woche Donnerstag um zehn Uhr. Prima, da konnte ich vorher noch die Nummer von der Versicherung besorgen.

Unser Versicherungsvertreter, bei dem wir schon das Haus versichert hatten, ist ein im Ruhrgebiet aufgewachsener Ungar. Daher gab es zwischen uns keine Sprachprobleme. Ich schrieb ihm eine E-Mail mit den Fahrzeugdaten von Auto und Anhänger, sowie der Bitte, dass er uns die benötigten Nummern schickt. Am selben Abend hatten wir die Antwort von ihm.

Von Georg wussten wir das ein Termin beim TÜV nicht

bedeutet, dass man auch zu der Zeit wirklich dran kam. Daher fuhren wir früh genug los. Der TÜV öffnet um acht Uhr. Wir waren bereits eine halbe Stunde vorher da. Vor dem Tor standen fast zwanzig Autos in drei Reihen nebeneinander. Wie wir später erfuhren, waren das alles Autos aus Autohäusern.

Um acht Uhr ging ich ins Büro, legte meine Unterlagen vor und meldete uns an. Die Dame hinterm Schalter erklärte mir auf Englisch, das wir in der Schlange bleiben sollten, bis wir dran waren. Also hieß es warten. Mittlerweile war es zehn Uhr, aber es war noch lange nicht abzusehen, dass wir dran kamen. Die Sonne brannte inzwischen und die angenehme Frische des Morgens war vorbei. Immerhin hatten wir uns ein paar Fahrzeuge vorgearbeitet.

Indem wir die Türen offen stehen ließen und ein lauer Wind hindurch zog, war es um zwölf Uhr im Auto noch auszuhalten. Unsere Hoffnung, vor der Mittagspause der Prüfer fertig zu sein, hatte sich erledigt. Gut, dass wir uns eine große Flasche Wasser mitgenommen hatten. Ohne Trinken war es nicht mehr zu ertragen.

Gegen 14 Uhr waren wir endlich dran. Ich musste die Motorhaube und den Kofferraum öffnen. Der Prüfer kontrollierte, ob die Fahrgestellnummer des Fahrzeugs mit den Fahrzeugpapieren übereinstimmte und machte Fotos vom Auto und der eingestanzten Nummer. Anschließend dasselbe Spielchen mit dem Anhänger.

Als er fertig war, erklärte er mir auf Englisch, das ich die Papiere wieder dort abholen konnte, wo ich sie am Morgen abgegeben hatte. Der Schalter in der Annahmestelle war gerade nicht besetzt. Ein Mann wartete bereits und sprach mich auf Ungarisch an. Ich deutete auf mich und sagte „Deutsch" zu ihm. Es stellte sich heraus, dass er ein wenig Deutsch sprach. Er erklärte mir, dass die Dame vom Schalter nach hinten gegangen sei, um die fertigen Papiere zu holen. Dann gab er mir seine Visitenkarte und sagte, dass er für Autohäuser und Privatleute Autos zum TÜV und zur Anmeldung bringe. Nachdem ich bezahlt und die Papiere zurückerhalten hatte, machten wir uns sofort auf den Heimweg. Der Hunger nagte und wir waren fix und fertig vom Warten.

Am Montagmorgen hatten wir uns mit Georg und Anja verabredet. Wir wollten zum Zoll fahren, denn wir mussten die eingeführten Fahrzeuge verzollen. Anja führte die Gespräche mit dem Zollbeamten und regelte alles für uns. Trotzdem mussten wir warten, denn irgendwelche Unterlagen vom TÜV fehlten noch. Diese sollten ihnen gemailt werden. Nach drei Stunden warten erklärte uns der Beamte wir sollen am nächsten Tag wiederkommen.

Dienstagmorgen hatte er die Papiere bereits vorliegen. Er gab uns einen Zahlschein für die Steuern. Hiermit fuhren wir zur Post, bezahlten die Rechnung und dann ging es zurück zum Zoll. Nachdem ich die Quittung vorgelegt hatte, bekamen wir die letzten Papiere, die uns noch zur Anmeldung fehlten.

Am nächsten Morgen fuhren wir mit Anja zur Zulassungsstelle in Nagykanizsa. Unsere alten Nummernschilder schraubte ich ab und nahm sie mit hinein. Der Warteraum war voll und wir zogen unsere Nummern. Da hier viele Schalter geöffnet hatten, ging es zügig voran. Es dauerte kaum eine Stunde, da erschien Anjas Nummer. Sie meldete ihr Fahrzeug an und da wir direkt nach ihr dran kamen, dolmetschte sie gleich für uns. Nachdem alles ausgefüllt war, verabschiedete sie sich. Den Rest schafften wir allein. Unsere Nummernschilder gaben wir ab und sie wurden von hier nach Deutschland geschickt. Dann bezahlte ich in der Zahlstelle die Abmeldung, die Zulassungsgebühr und die neuen Nummernschilder. Mit der Quittung ging ich zur Nummernschildausgabe und ließ mir die neuen Schilder geben.

Nachdem ich die Schilder angeschraubt hatte, fuhren Carmen und ich einen Kaffee trinken. Wir waren froh, dass alles so toll geklappt hatte. Aber wir hatten auch Glück, das immer jemand vor Ort war, der Dolmetschen konnte.

NACHBARSCHAFTSHILFE

Die Tochter von Gyözö und Agi, Laura, machte eine Ausbildung als Konditorin. Sie sagten Zuckerbäcker dazu. Laura sprach gut Deutsch und diente uns oft als Dolmetscher. Jedes Wochenende kam Gyözö zu uns herüber und brachte von Laura selbstgebackene Torten. Dabei erkundigte er sich jedes Mal, ob bei uns alles ok ist, oder ob er uns helfen könne. Manchmal brachte er Obst oder Gemüse von seinen Eltern und Schwiegereltern mit. Wenn Carmen gebacken hatte, revanchierten wir uns und brachten Kuchen zu ihnen.

Ende September legte Gyözö auf seiner Einfahrt zwei Reihen Betonplatten. Jede Reihe war zehn Meter lang. Ich ließ es mir nicht nehmen ihm auch zu helfen. Neben Gyözö und mir, waren noch sein Schwager Andras und Laura ihr Freund Daniel dabei. Sie wussten, dass ich nicht so viel und schwer arbeiten kann. Auch mit den leichteren arbeiten, hatte ich gut zu tun. Immer mehr Leute blieben auf dem Bürgersteig stehen und gafften zu uns herüber. Mittlerweile kam ich mir vor wie im Zoo. Ich fragte Laura, warum die Leute stehen blieben. Sie erklärte mir, dass sie Neugierig waren. Die Ungarn kannten nur, dass die Deutschen die hier wohnten, für wenig Geld arbeiten ließen. Spätestens jetzt kannten mich alle in der Straße.

Ein paar Tage später wollte ich mit meiner Motorsäge Holz sägen. Die Säge war ein paar Jahre nicht benutzt worden und sprang nicht sofort an. Nachdem ich einige Fehlversuche beim Starten hatte, stand unser rechter Nachbar mit seiner Motorsäge am Zaun. Er sprach kein Deutsch, aber er bedeutete mit, dass ich seine Säge nehmen sollte. Zu spät, denn in dem Moment hatte meine ihren Widerstand aufgegeben. Ich bedankte mich bei ihm auf Ungarisch. Den ungarischen Dank hatte ich inzwischen gelernt.

Anfang Oktober versuchten unsere rechte Nachbarin und ein älterer Herr, auf einen Pflaumenbaum zu klettern. Sie kannte ich ja mittlerweile, denn sie hatte damals die zu uns herüber geflohenen Enten zurückgeholt. Da sie keine Leiter hatten, blieb es bei dem Versuch. Ich holte meine Leiter aus dem Schuppen und brachte sie ihnen. Die beiden bedankten sich überschwänglich und am nächsten Abend brachte sie uns eine Flasche selbstgebrannten Palinka. Inzwischen waren wir in der Nachbarschaft voll integriert.

DER ERSTE BESUCH

Mitte Oktober bekamen wir den ersten Besuch aus Deutschland. Meine jüngere Tochter Saskia besuchte uns für eine Woche. Die Wettervorhersage war gut. Die ganze Woche Sonnenschein und angenehme Spätsommertemperaturen. Da wir uns selbst noch keine Zeit genommen hatten die Gegend kennenzulernen, war dies eine gute Gelegenheit. Saskia kam mittags um dreizehn Uhr in Zagreb an. Wir hatten genügend Zeit dorthin zu fahren und sie abzuholen. Daher entschlossen wir uns gemütlich über die Landstraße zu tuckern.

Bis zur kroatischen Grenze war es kaum eine halbe Stunde von uns. Hier wurden die Ausweise kontrolliert, dann ging es weiter Richtung Zagreb. Obwohl ich im Navi eingegeben hatte Autobahn und Mautstraßen meiden, schleuste es uns immer wieder zu einer Autobahnauffahrt. Dadurch wurden wir kreuz und quer durch die Landschaft zu den verschiedenen Auffahrten gelotst. Langsam kamen wir in Zeitdruck. Daher fuhren wir circa fünfzig Kilometer vor dem Ziel auf die Autobahn. Gerade noch rechtzeitig erreichten wir den Flughafen und nahmen Saskia in Empfang. Die Freude, sie endlich wieder in den Arm zu nehmen, war riesengroß. Den Rückweg wählten wir über die Autobahn.

In den nächsten Tagen machten wir schöne Ausflüge in die Umgebung. Einen halben Tag verbrachten wir im Büffelreservat, welches nur sieben Kilometer von uns entfernt ist. Auf einem großen eingezäunten Areal leben Wasserbüffel. In einem alten Bauernhaus wird das Leben der Bauern in den letzten Jahrhunderten dargestellt. Auf Bildern sahen wir wie die

Felder mit Hilfe der Büffel bestellt wurden. Außerdem wurden zahlreiche Werkzeuge und Hilfsmittel ausgestellt. Für die Kleinen gab es einen Streichelzoo. Ich musste feststellen, dass dieser nicht nur Kinder anzieht. Auch Carmen und Saskia ließen es sich nicht nehmen, zu den Tieren zu gehen.

Auch der Kis Balaton lud uns zu einem Besuch ein. Über eine Holzbrücke mit drei großen Rundbögen betraten wir die Kanyavar Insel. Hier machten wir einen Rundgang. Von den Aussichtstürmen, die an verschiedenen Stellen standen, hatten wir eine herrliche Aussicht über den See und das gegenüberliegende Ufer. Es gab Grillplätze und offene Feuerstellen. Hier konnten wir die Natur genießen und die Seele baumeln lassen.

Einen Tag verbrachten wir in Nagykanizsa. Einkaufen und ein Bummel durch die Innenstadt standen auf dem Programm. Der Balaton mit einem Ausflug nach Balatonboglar und Siofok durfte natürlich auch nicht fehlen. Hier war nicht mehr viel los. Hotels, Restaurants, Kioske und Verkaufsstände hatten bereits seit ein paar Wochen geschlossen. Vom lustigen Treiben des Sommers war nichts mehr zu sehen.

Da Saskia noch in der Ausbildung war und die Zwischen-prüfung bevorstand, hatte sie ihr Laptop dabei. Wir ver-brachten auch viel Zeit bei uns im Garten und sie lernte für die Prüfung. Einen Abend luden wir Gyözö, Agi, Laura und Daniel ein. Wir machten ein großes Lagerfeuer und grillten. Später saßen wir alle ums Feuer. Laura hatte Marshmellow von zu Hause geholt. Diese steckten wir auf lange Stöcke und hielten sie über das Feuer, bevor wir sie aßen.

Mit jedem Tag der verging und der Abschied näher rückte, fiel es mir immer schwerer, die Tränen zurückzuhalten. Die gemeinsame Zeit verging viel zu schnell. Diesmal nahmen wir auf dem Weg zum Flughafen von vornherein die Autobahn. Wir waren früh genug da und tranken im Restaurant noch einen Kaffee. Dann kam der Abschied. Die Tränen flossen in Strömen. Wir winkten ihr nach, bis sie im Terminal verschwand. Nachdem ich den Parkschein bezahlt hatte, sagte ich Carmen, sie sollte am Eingang warten und ich wollte das Auto holen. Im Auto war ich mir sicher, dass ich den Schein beim Einsteigen in die Mittelkonsole gelegt hatte. Als ich bei Carmen war und sie neben mir saß, wollte ich den Parkschein nehmen, damit ich ihn bei der Schranke gleich zur Hand hatte. Jedoch fand ich keinen Schein. Wir suchten alles ab, nichts. Panik kam in mir hoch. Was sollte ich jetzt machen? Hatte ich den Parkschein etwa doch nicht ins Auto gelegt, sondern unterwegs verloren? Ich stellte das Fahrzeug auf einem Parkplatz ab und ging zurück zum Flughafengebäude. Dabei suchte ich alles ab. Bis zum Kassenautomat. Nichts war zu finden.

Jetzt ging ich zum Schalter eines Reisebüros und fragte, ob sie Deutsch sprechen. Niemand sprach Deutsch. Aufgeregt erklärte ich ihnen mit meinem nicht so guten Englisch, was passiert ist. Gott sei Dank, sie hatten mich verstanden. Sie sagten, ich solle mich an das Flughafensecurity wenden und erklärten mir, wie ich dort hinkomme. Das Büro der Security befand sich links in der äußersten Ecke. Ich musste einmal quer durch die ganze Halle gehen. Auch dort konnte ich mich nur auf Englisch verständigen. Der Angestellte fragte mich nach meinem Fahrzeug und ich erklärte ihm Marke, Farbe und Kennzeichen. Bei der Ausfahrt sah er mich auf seinem Monitor und öffnete die Schranke. Als ich ein paar Tage später das Auto reinigte, fand ich den Parkschein. Er war zwischen Mittelkonsole und Sitz gerutscht.

ERSTES WEIHNACHTEN IN UNGARN

Unser erstes Weihnachtsfest in Ungarn rückte näher. Bisher waren unsere Kinder immer einen Tag zum Essen bei uns. Dieses Jahr würden wir das Fest allein verbringen. Bei dem Gedanken kam eine starke Traurigkeit über uns. Hoffentlich wird gutes Wetter. Damit wir mal rauskommen und nicht die ganzen Tage allein in den eigenen vier Wänden sitzen. Einen Weihnachtsbaum wollten wir nicht aufstellen. Für uns beide lohnt es sich nicht. Was sollen wir für zwei Personen kochen? Eine Gans ist zu viel für uns. Schon Wochen vor dem Fest machten wir uns Gedanken. Richtig Lust auf Weihnachten kam nicht auf. Eigentlich könnte das Fest dieses Jahr ausfallen.

Drei Wochen vor Weihnachten klopften Gyözö und Agi bei uns ans Fenster. Wir wussten das Agi immer bergeweise Plätzchen backt. Nun standen sie vor uns, mit einer Schachtel aus der ein leckerer weihnachtlicher Duft strömte. Bei einer Tasse Kaffee und Agi´s Plätzchen luden sie uns zum ersten Weihnachtstag zu sich ein. Wir waren völlig überrascht. Sie hatten uns mal erzählt dass sie Weihnachten immer mit der Familie verbringen. Einen Tag mit Gyözö seinen Eltern und einen Tag mit Agi ihren.

Am ersten Weihnachtstag um kurz vor zwölf Uhr gingen wir zu ihnen hinüber. Ihr Haus war baugleich mit dem in der Nähe von Marcali, welches uns als Erstes so gut gefallen hatte. Allerdings hatten sie, wie wir es auch gemacht hätten, links an die Küche ein großes Bad angebaut. Das Haus ist ausreichend für zwei Personen. Es hat ein Wohnzimmer und ein Schlafzimmer. Unsere Nachbarn lebten hier zu dritt und am Wochenende war Daniel auch noch da. Sie kennen es nicht anders und sind glücklich und zufrieden, so wie es ist.

Nach der herzlichen Begrüßung setzten wir uns an den festlich gedeckten Tisch. Als Erstes gab es eine Suppe. Anders als bei uns, wo die Zutaten alle in einem Topf sind, war es alles einzeln. Auf dem Tisch stand eine Schüssel mit Brühe, jeweils eine mit Möhren, Blumenkohlröschen, Pastinaken und Nudeln. Jeder konnte sich die Beilagen mischen, wie er mochte. Dazu gab es Baguette. Nachdem alle ihre Suppe ausgelöffelt hatten, kam die Hauptspeise auf den Tisch. Geflügelleber, Wiener Schnitzel und Hähnchenschenkel. Als Gemüse gab es Prinzessbohnen im Speckmantel und als Beilage Reis. Anschließend wurden Kaffee und Kuchen aufgetischt. Das ganze Mahl zog sich bis halb vier Uhr nachmittags.

Es war ein wunderschöner Weihnachtstag. Wir haben viel über das Leben in Ungarn erfahren. Wir hatten ihnen erzählt, dass uns das Thermalbad in Zalakaros nicht so zusagt, weil es zu voll ist und die Hallen für uns zu kalt. Sie gaben uns den Tipp, dass wir in die Therme in Kehidakustany fahren sollen. Dies ist ein kleines Bad und nicht so überlaufen. Fortan fuhren wir im Winter alle zwei Wochen dorthin. Mit dem Jahresende war unser Weg nach Ungarn abgeschlossen und wir waren bereits mitten drin in unserem Leben in Ungarn.

UNSER RESÜMEE

Nach gut drei Jahren in Ungarn, davon zweieinhalb Jahre fest hier wohnend (Stand Januar 2020), können wir sagen, dass wir uns hier sehr wohl fühlen und den Entschluss nach Ungarn zu ziehen nie bereut haben. Im Gegenteil, wir fahren nur ungern nach Deutschland. Da unsere Kinder dort Leben besuchen wir sie in Deutschland, ansonsten zieht uns nichts dorthin zurück.

Natürlich fehlen uns die Kinder und man macht sich täglich Gedanken darüber, dass es ihnen gut geht. Aber da sie ihr eigenes Leben leben – und das ist auch gut so – wäre es, wenn wir in Deutschland geblieben wären, nicht anders. Jeder der mit dem Gedanken spielt auszuwandern, egal wohin, sollte bedenken, dass die räumliche Trennung sehr hart sein kann.

Wir haben hier viele liebenswerte Menschen kennengelernt. Insbesondere unsere Nachbarn. Wir helfen uns gegenseitig. Grillen gemeinsam, machen Lagerfeuer zusammen. Wir können fast sagen wir gehören zur Familie. Durch sie haben wir Zsuzsanna kennengelernt. Sie ist eine sehr gute Masseurin. Carmen und ich bekommen jede Woche jeweils eine Stunde Massage. Für das Geld, was wir bezahlen, bekämen wir in Deutschland kaum zehn Minuten. Auch Zsuzsanna ist uns mittlerweile eine sehr liebe Freundin geworden.

Wer mit dem Gedanken spielt auszuwandern, sollte sich im Klaren sein, dass auch in Ungarn nicht alles nur eitel

Sonnenschein ist. Pünktlichkeit gehört nicht zu den bevorzugten Eigenschaften in Ungarn. Es kommt häufig vor, dass man auf Handwerkertermine Wochen lang warten muss. Es gibt viel Armut und einfaches Leben. Man muss eventuell bereit sein auf das eine oder andere zu verzichten. Aber was man nicht bekommt, braucht man auch nicht.

Genau wie in jedem Land der Welt, gibt es in Ungarn Verbrechen. Dennoch ist das Leben in Ungarn relativ sicher. Hier kann man auch als Frau, abends oder nachts, gefahrlos auf die Straße gehen. Wenn man sich anpasst, höflich, freundlich und respektvoll zu den Bewohnern ist, trifft man überall auf gastfreundliche, liebenswerte und hilfsbereite Menschen. Leider denken viel Ausländer, das die Ungarn billige Arbeitskräfte sind. Das kommt nicht so gut an. Diese Menschen haben es schwerer sich hier zu integrieren.

Vor dem Schritt des Auswanderns sollten sie es sich reiflich überlegen und gut planen. Lieber einmal mehr nachfragen. Das Für und Wider genau abwägen. Informationen nicht nur bei Facebook holen. Denn dort machen sich zu viele Menschen wichtig, obwohl sie absolut keine Ahnung haben. Ihnen ist es scheinbar egal, dass sie ihre Mitmenschen in große Schwierigkeiten bringen können. Direkt zur eigenen Krankenkasse und Rentenversicherung gehen. Es kann bei den Kassen auch nicht unbedingt jeder eine korrekte Antwort geben. Wir hatten bei unserer Krankenkasse vom ersten Mitarbeiter eine falsche Auskunft bekommen. Da ich mich vorab im Internet auf den Seiten der Kasse informiert hatte, wusste ich, dass die Auskunft des Mitarbeiters verkehrt war. Die Information auf der Internetseite war leider nicht ganz eindeutig. Daher fragte ich mich solange durch bis mir ein Mitarbeiter, der häufig mit solchen Fällen zu tun hat, die richtige Auskunft geben konnte.

Am wichtigsten ist das Einkommen. Bevor sie den Schritt wagen, sollten sie wissen, wie viel Geld ihnen monatlich zur Verfügung steht. Ungarn ist nicht mehr so günstig, wie es mal war. Die Wohnkosten und Versicherungen sind zwar niedrig, aber bei den Lebenshaltungskosten sieht das schon anders aus. LIDL, ALDI, Penny und Baumärkte sind genauso teuer oder teurer wie in Deutschland. Es gibt allerdings viele kleine ungarische Baumärkte, in denen man wesentlich günstiger einkaufen kann als bei den großen Märkten. Wer sich genau umsieht und auf die kleinen ungarischen Lebensmittelläden achtet, kann ebenfalls sparen. Wir kaufen die frischen Lebensmittel überwiegend auf dem Markt. Wer sich umschaut, findet immer günstige Alternativen. Fragen Sie die Einheimischen, sie kennen sich am Besten aus.

Wenn man ein interessantes Haus gefunden hat, möglichst eingehend über den Ort informieren. Wenn möglich mit dem Verkäufer ein Probewohnen ausmachen und wenn es nur für eine Nacht ist. Wer nichts zu verbergen hat, kann sich darauf einlassen. Falls das nicht geht, ruhig ein weiteres Mal besichtigen und sich viel Zeit dabei nehmen. Auch nicht vom Käufer drängen lassen, weil er angeblich weitere Interessenten hat. Es gibt viele Häuser in Ungarn zu verkaufen. Bei Maklern und privaten Hausverkäufern nicht zu leichtgläubig sein. Bei Kaufverträgen immer eine beglaubigte Übersetzung verlangen. Sich über die Gegebenheiten vor Ort genau informieren.

Zu Behördengängen und zu den Anmeldungen bei den Kassen möglichst jemanden mitnehmen der Übersetzen kann. Wir hatten Glück und haben immer hilfsbereite Menschen gefunden. Das muss nicht zwangsläufig überall so sein. Wenn jemand in der Nähe von Zalakomar eine amtliche Übersetzung braucht, oder jemand der auf den Ämtern übersetzt, kann er sich gern an mich wenden. Wir haben in Nagykanizsa eine Dolmetscherin kennen gelernt die sehr nett, hilfsbereit und günstig ist. Auch einen Deutsch sprechenden Rechtsanwalt/Notar können wir gern weiter empfehlen. Sehr gute Tipps finden Sie in dem Buch „Willkommen in Ungarn" von Cornelia Rückriegel. Wie ich finde, ein Muss für jeden Ungarnfreund.

Auf jeden Fall sollte man an die Zukunft denken. Es gibt schöne Häuser in schönen kleinen Orten. Aber gibt es dort auch Einkaufsmöglichkeiten, Ärzte, Apotheke und so weiter? Wenn man im Alter nicht mehr so Mobil ist, sollten diese Sachen nicht weit entfernt sein. Für den einen oder anderen ist es vielleicht wichtig, nah am Balaton in Touristikorten zu wohnen. Dies mag für den Sommerurlaub ganz schön sein. Wie ich im Buch bereits erwähnt habe, dort ist es im Winter oftmals einsam. Auch die Reaktionen in der Familie und im Freundeskreis sollten nicht unterschätzt werden. Gerade dort gibt es oftmals Diskussionen, Kopfschütteln, Unverständnis und Intoleranz. Davon sollte man sich nicht irritieren lassen.

In Ungarn bekommt man ein entschleunigtes, meist unkompliziertes und entspanntes Leben in einer wunderbaren Natur. Hier kann der Mensch noch Mensch sein.
Wichtig ist, dass man sich wohlfühlt.

Mein zweites Buch, **Am liebsten gut**, handelt vom Leben des Alwin Neddermann. Lesen Sie lustige, aber auch sehr ernste Episoden seines Lebens. Erleben Sie mit ihm das Dorfleben in den 1960er Jahren, bis ins jetzt. Es handelt von Liebe, Hass, Lebensängsten und das Leben mit Fibromyalgie.

Der Leitfaden steht fest und die ersten Geschichten sind geschrieben. Veröffentlichung wird voraussichtlich im Spätherbst 2020 sein.

Auf meiner Website: **hubisschreibstube.de** erfahren Sie mehr darüber. Eine Leseprobe steht dort ebenfalls für Sie bereit.